MERIAN
Reiseführer

Amsterdam

Annette Birschel

AF145035

HALLO AMSTERDAM!

DIE THEMEN DER STADT

SPAZIERGÄNGE UND AUSFLÜGE

MEIN AMSTERDAM

*Das Wasser, das Licht, die Freiheit – Amsterdam übt eine
magische Anziehungskraft aus. Annette Birschel war schon
beim ersten Radeln entlang der Grachten verzaubert. Sie
will nie wieder weg. Amsterdam ist eine eigensinnige Stadt
zum Verlieben.*

»Job oder Liebe?«, fragte meine alte Tante nüchtern, als sie von
der Nachricht überrascht wurde, dass ich in die Niederlande
ziehen würde. Warum geht man denn sonst nach Holland?
Tante Anneke musste das wissen, sie war schließlich Hollände-
rin. In den 1960er-Jahren hatte es sie nach Bremen verschla-
gen. »Wohin zieht sie denn?«, fragte sie meine leicht verwirr-
ten Eltern neugierig. »Amsterdam«, sagten die. Nun nickte
Tante Anneke zufrieden. Natürlich. Wohin denn sonst. Natürlich hatte Tante Anneke recht. Seit Hunderten von Jahren
schon beweist die eigensinnige Hauptstadt, dass hier mehr
geht als anderswo. Und gerade deswegen übt diese Stadt eine
ungeheure Anziehungskraft auf Millionen Menschen aus aller
Welt aus.
  Mich brachte die Liebe nach Amsterdam. Vor gut 20 Jahren
zog ich hierher. Ich hatte Mann, bald auch Kind und natürlich
ein Fahrrad, ein *fiets*. Und als Journalistin konnte ich über all
das berichten, was uns Deutsche an unseren Nachbarn so fasziniert. Die Liebe zu dem Mann war zwar nicht von Dauer,
doch die zur Stadt blieb. Wenn ich an den Grachten entlang
radele, links die alten Häuser, rechts das glitzernde Wasser,
über mir die dramatischen Wolkengebilde am weiten Himmel,
dann weiß ich: Amsterdam ist meine Stadt.
  Jedes Jahr besuchen über 17 Millionen Menschen Amsterdam. Die Grachten, das Wasser, die Kunstschätze, aber auch
die Lockerheit und Toleranz ziehen sie an wie ein Magnet. Und
das verstehen auch die Amsterdamer nur allzu gut. Ein unge-
heures Freiheitsgefühl prägt das Zusammenleben in dieser
Stadt seit Jahrhunderten. Wer anders lebt, denkt, glaubt oder

Die Grachten aus dem 17. Jh. machen den Reiz der Stadt aus. Nicht zuletzt ihretwegen kann man sein Herz an diese Stadt verlieren.

liebt als der Durchschnittsbürger, wird hier in Ruhe gelassen. Früher wie heute. Menschen aus über 180 Kulturen wohnen in dieser Stadt. Sie alle machen die Straßen und Märkte bunt.

Amsterdam ist eine Stadt der Gegensätze. Es kann manchmal sehr laut und voll sein. Aber auch gemütlich oder sogar melancholisch ruhig. Der Grachtengürtel führt einen zurück ins 17. Jahrhundert, das Goldene Zeitalter. Und dann wieder nimmt einem die spektakuläre moderne Architektur in den früheren Hafengebieten den Atem. Amsterdam ist bunt, magisch, manchmal nervig, aber nie langweilig.

Wenn ich morgens früh an den leeren Grachten radle oder abends von einer Brücke aus auf die Türme schaue, dann summe ich manchmal die heimliche Hymne der Stadt: »An den Amsterdamer Grachten habe ich für immer mein Herz verloren.«

Annette Birschel lebt und arbeitet in Amsterdam. Seit über 20 Jahren schreibt sie für niederländische und deutsche Medien, unter anderem den WDR und dpa über Máxima und Matjes, Hasch und Huren, Fußball und Fietsen – und natürlich Amsterdam. Täglich entdeckt sie neue idyllische Ecken oder verrückte Läden. Über ihre Abenteuer in Amsterdam schrieb sie mehrere Bücher, zuletzt »Mordsgouda. Als Deutsche unter Holländern« (Ullstein Verlag).

Rundfahrtboot und die für Amsterdam so typischen Grachtenhäuser an der Keizers-, Ecke
Leidsegracht.

DER ERSTE BLICK AUF AMSTERDAM

★ MERIAN TOP 10

Das sind sie – die Sehenswürdigkeiten, für die Amsterdam weit über die Grenzen der Stadt hinaus bekannt ist.

⭐1 Dam
Der historische Platz im Zentrum ist Schauplatz der großen Momente der Monarchie. → S. 83

⭐2 De Wallen
Berühmt und berüchtigt – im ältesten Viertel sitzen Huren in rot erleuchteten Fenstern, und hier sind auch Coffeeshops und Chinatown. → S. 87

⭐3 Grachten
Wie ein Gürtel liegen die Grachten mit den charakteristischen schmalen Häusern um das Zentrum. Heute gehören sie zum Weltkulturerbe der UNESCO. → S. 89

⭐4 Jordaan
Einst das Viertel der kleinen Leute, ist es heute mit den Gässchen, Cafés und Galerien das hippe Herz der Amsterdamer Geselligkeit. → S. 93

⭐5 Anne Frank Huis
Im Hinterhaus lebte Anne Frank versteckt vor den Nazis und schrieb ihr weltberühmtes Tagebuch. → S. 96

⭐6 Hermitage Amsterdam
Die Schätze der Zaren sieht man in der einzigen Dependance der Eremitage aus St. Petersburg gleich bei der Holzbrücke Magere Brug. → S. 99

⭐7 Eye
Wie ein großes weißes Auge lugt das futuristische Gebäude des Filmmuseums über dem Wasser hervor. → S. 116

Im Vondelpark, Amsterdams überaus beliebtem Park, treffen sich Alt und Jung, Einheimische und Gäste. Vor allem im Sommer ist die Stimmung ausgelassen. Ein fantastischer Ort, um sich nach dem Trubel der Großstadt auszuruhen.

⭐8 Rijksmuseum

Die Schatzkammer der Niederlande. Eine Kathedrale für die alten holländischen Meister, vor allem für Rembrandt und sein Prunkstück: »Die Nachtwache«. → S. 146

⭐9 Van Gogh Museum

Weltweit größte Sammlung von Gemälden von Vincent van Gogh: von den Frühwerken bis zu den berühmten Sonnenblumen. → S. 151

⭐10 Vondelpark

Die grüne Oase Amsterdams mit ihren Wasserspielen, den alten Bäumen und den weiten Grünflächen ist der Treffpunkt für alle. → S. 152

⚑ MERIAN EMPFEHLUNGEN

Ungewöhnliche Perspektiven, charmante Orte und feine Details versprechen besondere Augenblicke.

1 Frühstück am Noordermarkt
Biomarkt rund um die Noorderkerk im Jordaan. Und dann einkehren beim Café Winkel 43 am Noordermarkt. → S. 93

2 Leinwände auf der Museumsstraße
In einer Gasse beim Amsterdam Museum hängen Schützengemälde aus dem 17. Jh. Und dort grüßt den Besucher auch der Riese Goliath. → S. 95

3 Begijnhof
700 Jahre alt sind die kleinen Häuschen im Innenhof. Das *hofje* mit Rosengärtchen ist eine Insel in der City. → S. 95

4 Westerkerk
Täglich geben die Glockenspieler der ehrwürdigen Westerkerk ein Minikonzert. Wunderbar für eine Pause. → S. 96

5 Micropia
Der weltweit einzige Zoo für die ältesten und kleinsten Lebewesen der Welt ist super spannend. → S. 99

6 Portugese Synagoge
Das Gebäude aus dem 17. Jh. bezaubert und ist noch vollständig intakt – erleuchtet nur von Kerzen. In den Nebengebäuden befindet sich die Sammlung kostbarer Kultobjekte. → S. 100

7 Keksladen Van Stapele
Der verrückteste Keksladen aller Zeiten. Es gibt nämlich nur eine Sorte: Schokoladenkeks. Aber was für einer. → S. 106

8 A'DAM Toren

Schaukeln mit Aussicht. Auf dem Dach des 85 m hohen Turms A'DAM steht die höchste Schaukel Europas. → S. 113

9 Pannenkoekenboot

Eine gute Stunde auf dem Ij-Gewässer schippern, die Skyline der Stadt bewundern und dazu noch Pfannkuchen essen – so viel man mag und kann. Witzig und gesellig. → S. 118

10 FC Hyena

Nein, kein Fußballclub. Sondern ein Kino in alter Industriehalle mit leckeren Häppchen direkt am Wasser. → S. 121

11 De Pindakaaswinkel

Was schmiert sich der Holländer auf sein Brot, und in was tunkt er seine geliebten Fritten? Klar: *pindakaas,* Erdnussbutter. Jetzt gibt es dazu den ersten Laden. → S. 139

12 Aussicht vom Muziekgebouw

Von der Terrasse des Muziekgebouw aus hat man den perfekten Blick auf die riesigen Kreuzfahrtschiffe. Morgens früh fahren sie ein, majestätisch. → S. 141

13 Fietsen unterm Rijksmuseum

Radeln unter der »Nachtwache«, das hat was. Und Musik dazu gibt's gratis. Unter dem alten Gewölbe spielen Musiker mal Jazz, mal Klassik. → S. 146

14 Huis te Vraag

Der Friedhof Huis te vraag (Haus gesucht) ist eine Idylle in der Großstadt mit kleinen Pfaden und von Efeu überwucherten Skulpturen. → S. 153

15 De Foodhallen

Große Bühne fürs Essen. Im alten Straßenbahndepot werden nun feine Häppchen serviert. Der Indoor-Foodmarkt ist beliebter Hotspot der Amsterdamer. → S. 171

AMSTERDAM KOMPAKT

Daten und Fakten

Amtssprache: Niederländisch

Bevölkerung: 180 Nationalitäten, 50 % Niederländer, 9 % Surinamer, 9 %, Marokkaner, 5 % Türken, 1 % Antillianer, 26 % sonstige

Einwohner: ca. 860 000

Fläche: 219 km², davon 25 % Wasser

Internet: www.iAmsterdam.com

Religion: 62 % ohne Religion, 13 % Muslime, 7 % Katholiken, 5 % Protestanten, 4 % Freikirchen, 1 % Juden, 8 % sonstige

Verwaltung: Amsterdam hat acht Stadtbezirke

Währung: Euro

Bevölkerung

Mit 180 Nationalitäten ist Amsterdam eine der gemischtesten Städte der Welt. Nur jeder zweite Einwohner ist ein angestammter Niederländer. Die größte Gruppe der Zuwanderer, etwa 35 %, kommt aus nicht-westlichen Staaten, wobei Bürger aus der ehemaligen Kolonie Surinam und aus Marokko zahlenmäßig die stärksten Gruppen bilden. 15 % der Bevölkerung stammen aus Mitgliedsstaaten der EU, den USA und Kanada. Amsterdam ist auch eine relativ junge Stadt: Jeder zweite ist jünger als 35 Jahre. Nur gut 10 % der Amsterdamer sind im Rentenalter.

Stadtviertel

Amsterdam ist ringförmig wie ein Hufeisen zum Wasser angelegt. Die ältesten Teile sind im Zentrum. Die Stadtviertel Oost, Zuid und West entstanden durch Stadterweiterung Ende des 19. Jh und Anfang des 20. Jh. Noord liegt auf der anderen Seite des Gewässers Ij. Für Besucher ist natürlich das Zentrum rund um die Grachten interessant. Die großen Kunstmuseen liegen im Süden, trendige Bars und Restaurants findet man jetzt im Norden, der Osten und Westen bieten spannende neue Architektur.

Lage und Geografie

Amsterdam liegt in der Provinz Noord-Holland im Westen der Niederlande und ist die größte Stadt des Ballungs-

Typisch für Amsterdam sind, neben den weltberühmten Grachten, die Häuser mit ihren schmalen Fronten – und natürlich die Hausboote.

gebiets Randstad, das auch Utrecht, Den Haag und Rotterdam umfasst. Der Fluss Amstel fließt vom Süden durch die Stadt und endet im Gewässer Ij im Norden. Durch den 21 km langen Noordzeekanaal von Ijmuiden im Westen der Niederlande bis zum Ij ist Amsterdam mit der Nordsee verbunden. Das Ij war bis zu Beginn des 20. Jh. eine Bucht der Zuiderzee. Dieses Meer wurde vor 80 Jahren eingedämmt. Über die Oranje-Schleusen (Oranjesluizen) im Osten ist Amsterdam direkt mit dem Ijsselmeer verbunden. Durch die Nähe zum Meer herrscht in Amsterdam ein gemäßigtes Meeresklima, wobei die Temperaturen im Winter selten unter dem Gefrierpunkt liegen.

Politik und Verwaltung

Amsterdam ist die Hauptstadt der Niederlande, aber Den Haag ist Regierungssitz und Residenz des Königs. Die sieben Stadtbezirke haben eine große Autonomie. Doch die zentrale Leitung liegt beim Gemeinderat (Stadtparlament) sowie der Stadtregierung aus Beigeordneten und Bürgermeisterin, der Grünen Femke Halsema (seit 2018). Amsterdam ist traditionell eine linke und grüne Stadt. Die grüne Partei ist mit gut 20 % der Stimmen die stärkste. Zurzeit regiert sie in einer

Koalition mit den Sozialdemokraten, den Sozialisten und Linksliberalen.

Religion

Die Säkularisierung, die in den 1960er-Jahren einsetzte, hat vor allem in Amsterdam ihre Spuren hinterlassen. Deutlich mehr als die Hälfte der Einwohner hat keine Religionszugehörigkeit. Mit 16 % ist das Christentum die stärkste Religionsgemeinschaft. Dabei gibt es mehr Katholiken als Protestanten und das in der Stadt, in der die reformierte Kirche jahrhundertelang offiziell Staatskirche war. Durch den Zuzug von Migranten vor allem aus Marokko stieg der Anteil der Muslime. Wegen der vielen Nationalitäten gibt es eine unüberschaubare Zahl von kleinen Kirchen und Gruppierungen.

Sprache und Wirtschaft

Niederländisch ist zwar die Amtssprache der Stadt, doch Englisch wird immer mehr zur Geschäftssprache. Durch Großbanken, Versicherungen, die Börse und den großen Finanzdienstleistungssektor ist Amsterdam einer der wichtigsten Finanzstandorte Europas. Er sorgt für rund 30 % aller Arbeitsplätze. Daneben ist der Handel ein bedeutendes Standbein der Wirtschaft. Amsterdam ist durch den internationalen

Klima (Mittelwerte)

	Januar	Februar	März	April	Mai	Juni	Juli	August	September	Oktober	November	Dezember
Tagestemperatur	5	5	9	13	17	20	22	22	19	14	9	6
Nachttemperatur	1	1	3	6	9	12	15	15	12	8	5	2
Sonnenstunden	2	3	4	6	7	7	6	6	5	3	2	1
Regentage pro Monat	14	11	9	9	9	9	11	11	12	12	14	13

Die Fahrradbrücke über den Amsterdam-Rhein-Kanal. Die Stadt ist vorbildlich, was den Radverkehr betrifft. Die »Fietser« freuen sich.

Flughafen Schiphol, die zentrale Lage und den viertgrößten Hafen Europas ein wichtiger Umschlagplatz für Waren. Zugleich ist Amsterdam Kultur- und Medienstadt. Jeder zehnte Hauptstädter arbeitet im kreativen Sektor, bei Medien, Verlagen oder Kultureinrichtungen.

Nebenbei bemerkt

Fahrräder: Es gibt 881 000 Fahrräder in der Stadt, mehr als Einwohner. Zwei Drittel aller Amsterdamer steigen täglich aufs Rad und radeln dabei insgesamt 2 Mio. km – und das sehr komfortabel: Es gibt 767 km Fahrradwege im Stadtgebiet. Jährlich werden 81 000 Räder abgeschleppt, weil sie falsch abgestellt wurden, »aufgeknipst«, wie es so hübsch heißt. Immerhin bekommt man sein Rad mit etwas Mühe vom zentralen Depot im Westen zurück. Problematisch ist es, wenn es in die Gracht geworfen wurde. Jedes Jahr werden rund 12 000 bis 15 000 Räder aus den Grachten gefischt. In Amsterdam gibt es mit 780 m auch die längste Fahrradbrücke der Welt, die Nescio-Brücke über den Amsterdam-Rhein-Kanal.

Kultur: Es gibt 75 Museen, 55 Theater- und Konzertsäle, 17 Kinos und 141 Galerien. Insgesamt sind jedes Jahr 16 000 Theater- und Musikvorstellungen zu sehen bzw. zu hören. In Amsterdam kann man 22 Gemälde von Rembrandt und 207 von Vincent van Gogh bewundern.

Cafés und Kneipen: 1515
Restaurants: 1150

Die bunte DNA der Stadt

Menschen aus rund 180 Kulturen leben in Amsterdam – die Stadt ist damit eine der diversesten der Welt. Sie lebt von der **kulturellen Vielfalt** und genießt sie: Chinesen, Türken, Surinamer, Antillianer, Indonesier oder Marokkaner machen die Straßen bunt, das Leben locker und die Märkte exotisch. Durch die verschiedensten Einflüsse wird Amsterdam auch kulinarisch und musikalisch zum Fest der Sinne.

Fast die Hälfte der etwa 900 000 Einwohner gehört einer ethnischen Minderheit an. Da bleiben Spannungen nicht aus, wenn Kulturen und Religionen aufeinanderprallen. Die Kommune versucht aktiv, mit Integrations- und Sozialprogrammen das Zusammenleben zu erleichtern. Und im Prinzip gelingt es.

Diversität ist die DNA von Amsterdam und das schon seit dem sogenannten **Goldenen Zeitalter.** Im 17. Jahrhundert suchten portugiesische Juden und Hugenotten in Amsterdam Zuflucht vor Verfolgung und trugen mit ihren weitverzweigten Handelskontakten zum Wohlstand der Stadt bei. Nicht nur die liberale Politik, sondern auch der Hafen, der Güterumschlag und nicht zuletzt die früheren Kolonien sorgten für die ungeheure Diversität der Stadt. Amsterdam ist seit jeher ein Magnet für viele, die sich ein besseres Leben wünschen.

Um 1900 kamen die ersten Chinesen in die Stadt. Sie waren als billige Seeleute angeworben worden und wohnten vor allem in der Nähe der alten Waage – bis heute das Herz von Chinatown mit zweisprachigen Straßenschildern, chinesischen Supermärkten und Restaurants. In den 1960er-Jahren ließen sich die ersten Gastarbeiter aus der Türkei und Marokko in Amsterdam nieder. Heute sind die Türken mit gut fünf Prozent und die Marokkaner mit etwa zehn Prozent stattliche Minderheiten. Die großen **Migrationswellen** gab es mit dem Ende der Kolonialzeit nach dem Zweiten Weltkrieg. Allein aus dem heutigen Indonesien emigrierten von 1945 bis 1965 rund 300 000 indonesische Niederländer. Das kleine Surinam in Südamerika

Chinatown Amsterdam ist das älteste chinesische Viertel in Europa. Außerge-
wöhnlich ist, dass auch andere Bevölkerungsgruppen dort leben und arbeiten.

wurde erst 1975 unabhängig. Mehr als 300 000 Menschen wan-
derten aus und brachten ein buntes Gemisch von Kulturen in
den Norden.

Viele Surinamer fanden im Amsterdamer Südosten ein
neues Zuhause, und gemeinsam mit afrikanischen Einwande-
rern machten sie dieses Viertel zum wohl buntesten Teil der
Stadt. Karibisches Flair bringen die Bewohner aus dem letzten
überseeischen Gebiet des Königsreichs in die Stadt: Die niederländischen Antillen, sechs kleine Inseln in der Karibik, gehören noch immer zum Königreich. Gut 50 000 Einwohner aus
über 150 Kulturen hat dieser Stadtteil. Lange Zeit war es für die
restlichen Amsterdamer eine exotische, fremde Welt, die sie
nicht betraten. Das hat sich durch eine Modernisierung des
Südostens sehr geändert – unter anderem ist dort die Jo-
han-Cruyff-Arena, ein Einkaufszentrum und ein Vergnü-
gungsviertel gebaut worden. Und die Märkte und Foodhallen
in Zuidoost sind ein Mekka für Gastrofans.

Jedes Jahr im Sommer feiert der Südosten beim **Kwakoe-Fes-
tival** die kulturelle Vielfalt mit Musik, Theater, Fußball und kulinarischen Spezialitäten. Das Fest ist auch ein historisches Monument: Kwakoe erinnert an die Abschaffung der Sklaverei in
Surinam 1863. Allmählich sehen die angestammten Niederländer ein, dass auch dieses Kapitel zu ihrer Geschichte gehört und
dass sie sich mit den dunklen Seiten des sogenannten Goldenen
Zeitalters und der Kolonien befassen müssen.

GESCHICHTE

Stolze Seefahrer, pragmatische Kaufleute und eigensinnige Bürger: Wasser und Handel prägen die Geschichte der Stadt seit über 1300 Jahren.

Zollprivileg (14. Jh.)

Im 14. Jh. erhielt Amsterdam das Recht der zollfreien Fahrt auf den holländischen Gewässern und konnte so günstig Handel treiben. Ab Ende des 15. Jh. ging es rasant aufwärts. Reiche jüdische Kaufleute aus Antwerpen und aus Portugal flohen in die tolerante Stadt und brachten Kapital und **internationale Handelskontakte** mit.

Alteratie (1578)

Am 25. Mai 1578 wurde Amsterdam **protestantisch** und die katholische Stadtregierung abgesetzt. Lange wollte Amsterdam sich nicht dem Fürsten Willem van Oranien und den übrigen Niederlanden im Kampf gegen die spanischen katholischen Herrscher anschließen. Doch am Ende war der Druck zu groß.

Goldenes Zeitalter (17. Jh.)

1602 gründeten Amsterdamer Kaufleute die **Vereinigte Ostindische Compagnie,** die VOC. Sie bündelten ihr Kapital und schickten gemeinsam eine Handelsflotte nach Asien. Es war die erste Aktiengesellschaft der Welt. Die VOC-Schiffe kamen beladen mit Kaffee, Tee, Gewürzen und kostbaren Stoffen zurück. Die Waren wurden von Amsterdam aus übers Wasser nach ganz Europa transportiert. Im Goldenen Zeitalter florierte auch die Kunst mit dem wichtigsten Repräsentanten, Rembrandt van Rijn.

Grachtengürtel (1613)

Die Bevölkerung wuchs im 17. Jh. von 30 000 auf 210 000 Einwohner. Amsterdam platzte aus allen Nähten. Von 1613–1663

Schiffe der Flotte der VOC, der Vereinigten Ostindischen Compagnie, auf einem Bild des Malers Roelof van Salm (1688–1765).

wurde daher der Grachtengürtel angelegt. An den Hauptgrachten entstanden **Wohnhäuser** für die wohlhabenden Kaufleute, an die kleineren Kanäle zogen Handwerker und Arbeiter.

Napoleon (1795)

1795 besetzten französische Truppen das Land. Napoleon machte 1806 seinen Bruder Ludwig zum neuen **König von Holland.** »Konijn van Olland« soll er selbst gesagt haben. Das Volk brüllte angeblich vor Lachen, denn das heißt: Kaninchen von Holland. 1813 vertrieben russische und preußische Truppen die Franzosen.

Neue Blüte (19. Jh.)

Nach der napoleonischen Zeit war der Handel völlig eingebrochen. Die Folgen für die Stadt waren katastrophal. Der neue Oranje-König half Amsterdam wieder auf die Beine: Er gab der Stadt das Monopol auf den Handel mit den **Kolonien.** Und durch den Bau des **Nordseekanals** erhielt Amsterdam einen direkten Zugang zum Meer.

Deutsche Besatzung (ab 1940)

Am 10. Mai 1940 überfielen die Nazis die Niederlande. Die ersten **Judenpogrome** im Januar 1941 führten zu einem Massenprotest. Der Streik der Hafenarbeiter am 25. Februar wurde

Provo-Proteste: Demonstranten scherten sich nicht um die feierliche Stimmung und schmissen Rauchbomben anlässlich der Hochzeit von Prinzessin Beatrix 1966.

blutig niedergeschlagen. Der **Widerstand** war stark. Doch die meisten Bürger verhielten sich neutral, manche kollaborierten. Insgesamt wurden im Zweiten Weltkrieg rund 110 000 Amsterdamer getötet oder starben an den Folgen von Hunger und Krankheit. Darunter waren 75 000 Juden, die in den Konzentrationslagern ermordet wurden.

Anne Frank (1939–1944)
1933 emigrierte die jüdische Familie Frank aus Frankfurt am Main nach Amsterdam – Vater Otto, Mutter Edith und die Töchter Margot und Anne wohnten erst im Süden der Stadt.

1942 tauchte die Familie Frank im Hinterhaus an der Prinsengracht unter. Auf engstem Raum lebte sie mit vier anderen Juden in ständiger Angst vor den Nazis. Treue Mitarbeiter Otto Franks versorgten sie. Anne führte **Tagebuch,** ein Geschenk ihrer Eltern zu ihrem 13. Geburtstag am 12. Juni 1942.

Am 4. August 1944 wurden sie verraten und ins Vernichtungslager **Auschwitz** deportiert. Anne und die Schwester starben 1945 im Konzentrationslager Bergen-Belsen, ihre Mutter in Auschwitz. Nur Vater Otto überlebte. Er veröffentlichte später das Tagebuch seiner Tochter Anne.

Provo-Proteste (1960er-Jahre)

In den 1960er-Jahren war Amsterdam Mittelpunkt großer Unruhen, die vor allem von Studenten initiiert wurden. Die sogenannte Provo-Bewegung wurde zum Symbol des **Widerstands gegen die bürgerliche Moral,** die Kirchen und gesellschaftliche Strukturen. Studenten besetzten das Universitätsgebäude, Hippies übernachteten auf dem Dam und im Vondelpark. Die »Provos« proklamierten Anarchie. Zur Randale kam es auch 1966 bei der Hochzeit der damaligen Kronprinzessin Beatrix mit Prinz Claus von Amsberg.

Homo-Ehe (2001)

Seit den 1950er-Jahren hat sich Amsterdam wegen seines relativ liberalen Klimas den Ruf der Hauptstadt der Schwulen und Lesben in Europa erworben – **Gay Capital.** Als erstes Land der Welt erlaubten die Niederlande 2001 die Eheschließung für homosexuelle Paare. Am 1. April um Mitternacht vollzog der damalige Bürgermeister von Amsterdam, Job Cohen, im Rathaus die weltweit ersten schwul-lesbischen Hochzeiten.

Ermordung Theo van Goghs (2004)

Durch den Zuzug von ärmeren Migranten nahmen die sozialen Probleme und auch kulturelle Spannungen zu. Die Stadt hatte lange gehofft, dass sich die Zuwanderer von selbst integrierten. Dann ermordete am 2. November 2004 ein **radikaler Islamist** den islamkritischen Filmregisseur Theo van Gogh. Der Mord war ein Schock, doch große Konflikte blieben aus. Auch die Rechtspopulisten, die in den folgenden Jahren in den Niederlanden großen Einfluss erringen sollten, bekamen in der Hauptstadt keinen Fuß auf den Boden.

U-Bahn unter den Grachten (2018)

Nach mehr als 15 Jahren Bauzeit und Mehrkosten von mehreren Milliarden Euro wurde endlich die heftig umstrittene U-Bahn 52 fertiggestellt. Für diese Noord-Zuid-Linie wurden erstmals Tunnel unter dem Grachtengürtel gebohrt – ein technisches Husarenstück.

Daheim in Mokum

Am frühen Morgen des 10. Mai 1940 schreckten die Bürger von Amsterdam auf. Ganz in der Nähe hörten sie die Einschläge von Bomben. **Nazi-Deutschland** hatte in der Nacht die neutralen Niederlande überfallen. Das traf die Stadt aus heiterem Himmel. 1940 litt Amsterdam zwar noch unter den Folgen der Weltwirtschaftskrise, doch es war auch eine fröhliche Stadt. Sie strahlte die bis heute spürbare liebenswerte Mischung aus Idealismus und Pragmatismus aus. »Morgen wird es besser«, hieß 1939 ein populärer Schlager. »Wir singen, wir lachen, und wir spielen den Schrecken und die Angst weg.« Das entsprach dem Lebensgefühl im Mai 1940.

Die Auswirkungen der Machtergreifung Hitlers und des Zweiten Weltkriegs waren aber auch in Amsterdam zu spüren und zu sehen. **Flüchtlinge** strömten in die Stadt, angezogen von der jahrhundertealten Tradition von Freiheit und Toleranz. Schon seit dem 17. Jahrhundert war Amsterdam Zufluchtsort für Flüchtlinge aus dem von Krieg und Verfolgung gequälten Europa: Hugenotten aus Frankreich, Protestanten aus Deutschland und Juden vom ganzen Kontinent. Hier durften sie ihren Glauben frei leben und ihre Synagogen errichten.

Knapp 300 Jahre später saßen verfolgte deutsche Schriftsteller und Künstler aus Nazi-Deutschland wie Oskar Maria Graf, Klaus Mann oder Max Beckmann in den Kaffeehäusern an den Grachten. In Deutschland verbotene Bücher erschienen in den Exilverlagen Querido oder Allard de Lange. Und auch viele Juden suchten in Amsterdam Zuflucht.

Als die Deutschen die Niederlande überfielen, zählte Amsterdam rund 750 000 Einwohner, zehn Prozent davon waren Juden. Nach nur fünf Tagen war der niederländische Widerstand gebrochen. Königin und Regierung flohen nach England. Deutsche Panzer rollten in die Innenstadt. In Den Haag, dem Regierungssitz, erklärten sich alle Generalsekretäre der Ministerien zur **Zusammenarbeit mit den Besatzern** bereit.

Straßenszene in der Jodenbuurt, dem jüdischen Viertel Amsterdams, zu Beginn des 20. Jh. 1941 erklärten die Nazis die Jodenbuurt zum Ghetto.

Die Amsterdamer waren zunächst fassungslos. Mit Ausnahme der napoleonischen Zeit zu Beginn des 19. Jahrhunderts hatten sie noch nie einen fremden Herrscher dulden müssen. Selbst die niederländischen Oranje-Fürsten hatten über diese eigensinnigen Bürger nie das Sagen. Doch angesichts der deutschen Machtdemonstration beim Einmarsch gewann bald doch der Pragmatismus die Oberhand. Man sah ein: Gegen einen solchen Feind haben wir keine Chance.

Das normale Leben ging schnell weiter. Kaufleute schlossen lukrative Verträge mit dem Deutschen Reich, die Arbeitslosigkeit sank. In Amsterdam ging man wieder ins Kino, amüsierte sich in Revuen und Varietés. Zugleich führten Polizei und Verwaltung folgsam die Befehle der neuen deutschen Machthaber aus. Dazu gehörten auch die **Nürnberger Rassengesetze.** Der Terror nahm Besitz von Amsterdam – und die meisten Bürger schauten weg.

Zugleich gab es aber auch **Widerstand,** vor allem bei den Kommunisten und den Studenten. Die Untergrundzeitungen »Het Parool« und »Vrij Nederland« erschienen, sie gibt es bis heute. In den Kirchen wurden flammende Proteste verlesen. Doch, so analysiert die deutsche Historikerin Barbara Beuys: »Es waren kaum hörbare Töne in einem Meer des Schweigens.« Die deutschen Nazis setzten ihre Politik der **Pogrome, Razzien, Deportationen und Morde** unter den Augen der Bürger fort. Schließlich wurde das Gebiet rund um das heutige Rathaus zum jüdischen Viertel erklärt und abgesperrt. Zum ersten

Mal seit dem 14. Jahrhundert gab es in Amsterdam ein **Ghetto.**
Und nun kam es zu offenem Widerstand in der Stadt.

Im Februar 1941 streikten die Hafenarbeiter gegen die deutschen Besatzer. Der Aufstand wurde nach nur zwei Tagen blutig niedergeschlagen. Der Widerstand in Amsterdam wurde nun heftiger. Der **Untergrund** verübte Anschläge auf das Einwohnermeldeamt, auf Telefonleitungen und Eisenbahnlinien sowie auf deutsche und niederländische Nazis. Die Reaktionen der Besatzer waren brutal: Durchsuchungen und Exekutionen, Widerstandskämpfer wurden in Konzentrationslager deportiert und ermordet.

Amsterdamer sprechen liebevoll von Mokum – das jiddische Wort für Stadt. Jahrhundertelang war Amsterdam eng mit den jüdischen Bürgern verbunden. Sie prägten die Stadt, Musik, Handel und Witz. Bis die Nazis im Mai 1940 die Niederlande überfielen.

Die Terrorspirale drehte sich immer schneller. Manche Amsterdamer versteckten Juden in ihren Wohnungen. Auf der anderen Seite machten auch Prämienjäger für ein paar Gulden Jagd auf Untergetauchte. Die Amsterdamer Juden wurden gezwungen, sich im Theater Hollandsche Schouwburg zu versammeln und in einem langen Zug zum nahe gelegenen Bahnhof am alten Stadttor Muiderpoort zu ziehen. Von dort aus wurden sie ins Deportationslager Westerbork transportiert und schließlich in die deutschen **Vernichtungslager.**

Am 5. Mai 1945 wurden die Niederlande befreit. Doch für Amsterdam war die Gewaltherrschaft noch nicht vorbei. Bei einem Freudenfest am 7. Mai auf dem Dam eröffneten plötzlich deutsche Soldaten das Feuer und schossen in die Menge. 22 Menschen wurden getötet, Hunderte verletzt. Erst einen Tag später, am 8. Mai, war der Spuk endgültig vorbei. Kanadische Truppen zogen in die Hauptstadt ein und wurden überschwänglich begrüßt. Amsterdam war frei. Doch fünf Jahre deutsche Besatzung hatten tiefe **Narben** hinterlassen. Bei vielen Bürgern mischte sich in den Freudentaumel über die Befreiung auch die Fassungslosigkeit über die eigene Ohnmacht und das eigene Versagen gegenüber der beispiellosen Judenverfolgung: Von den 107 000 deportierten niederländischen Juden hatten nur 5000 den Terror überlebt. Amsterdam verlor 75 000 jüdische Einwohner, ein Zehntel der Bevölkerung.

Über dem Viertel Plantage etwa, wo die Juden sich zur Deportation versammeln mussten, hängt bis heute eine stille Melancholie. Jedes Jahr gedenken Tausende des Februarstreiks der Hafenarbeiter, und am 4. Mai schweigt die gesamte Stadt in **Erinnerung an die Opfer** des Krieges. Das Leiden in der Besatzungszeit war ein Grund für die jahrzehntelange Aversion gegen Deutschland. Diese wurde nach Ansicht von Historikern auch aus dem Unbehagen genährt, dass viele sich der deutschen Diktatur nicht stärker widersetzt, weggeschaut oder sogar aktiv kollaboriert hatten.

Für viele Juden, die die Konzentrationslager überlebt hatten, war die **Heimkehr** bitter. Mitgefühl bekamen sie nicht. Manche mussten sogar noch die Stromrechnungen aus den Jahren bezahlen, die sie in den Nazilagern verbracht hatten. Ihren Besitz, Geld, Möbel, Kleider erhielten sie nicht zurück. Jahrzehntelang hingen auch geraubte Kunstwerke in den großen Museen der Stadt. Die sehr kleine jüdische Gemeinschaft siedelte sich erneut vor allem im Süden der Stadt an. Und langsam begann mit ihren Geschäften, Schulen und Synagogen wieder das jüdische Leben. Heute zeigt Amsterdam auf vielfältige Weise tiefe **Verbundenheit** mit dem jüdischen Erbe – im Gedenken, in Musik, Sprache und selbst beim Fußball. Der niederländische Rekordmeister Ajax Amsterdam wird von seinen Anhängern als »Judenclub« verehrt, in Erinnerung an seine vielen jüdischen Mitglieder und Spieler. Ajax-Fans ziehen nicht nur mit Fahnen in den Clubfarben Rot-Weiß, sondern auch mit israelischen Flaggen ins Stadion. Allerdings – auch das ist bittere Realität – führt das wiederum zu antisemitischen Reaktionen bei gegnerischen Hooligans.

Der Stolz auf die jüdischen Wurzeln, aber auch die Erinnerung an die Schrecken der Vergangenheit schwingen jedes Mal mit, wenn Amsterdamer von »Mokum« sprechen. Der jiddische Kosename für ihre Stadt ist auch eine Liebeserklärung an seine jüdischen Bewohner.

ÜBERNACHTEN

Hotels, von denen die ganze Stadt spricht – wegen ihres Flairs, ihrer Geschichte und ihrer Gäste. Damit man auf der Reise so unterkommt, wie man es sich vorstellt.

LUXUSHOTELS

Hauch von Hollywood
Hotel Pulitzer D3
Mitten in den trendy Negen Straatjes wurden 25 **historische Grachtenhäuser** aus dem 17. und 18. Jh. sehr fein zu einem fantastischen Hotel verbunden. Die Zimmer sind liebevoll und mit viel Luxus ausgestattet. Kein Wunder, dass Hollywood es als Kulisse für »Ocean's 12« entdeckte. In den Innenhöfen und idyllischen Gärten fühlen sich nicht nur Filmstars zu Hause.
Centrum | Prinsengracht 323 | Tram: Westermarkt | Tel. 5 23 52 35 | www.pulitzeramsterdam.com | 230 Zimmer | €€€€

BOUTIQUE-HOTELS

Kunst mit Seeblick
Lloyd Hotel H2
Früher in den 1920er-Jahren übernachteten hier die Auswanderer vor der Abreise ins Ungewisse. In dem Hotel kann man das Meer fast schon riechen. Das Lloyd ist eine **Institution** direkt im hippen östlichen Hafengebiet. Bekannte Designer haben die Zimmer gestylt, jedes ist anders. Aber viele Räume sind noch wie damals vor fast 100 Jahren. Ein Fest für Kunstliebhaber sind auch die regelmäßigen Ausstellungen. Es gibt Zimmer für den kleineren Geldbeutel und solche mit 5-Sterne-Luxus.
Oost | Oostelijke Handelskade 34 | Tram: Rietlandpark | Tel. 5 61 36 36 | www.lloydhotel.com | 117 Zimmer | €€–€€€€

Gediegene Einrichtung eines luxuriösen Hauses: Das Hotel Pulitzer an der Prinsengracht bietet seinen Gästen stilvolle Übernachtungen.

Kosmopolitisch schick
Hotel Arena G4
Das ehemalige Waisenhaus im Osten ist nicht nur eine elegant-hippe Herberge, sondern auch Treffpunkt und **Kulturzentrum.** In dem lauschigen Garten vergisst man bei einem Glas Wein und einem Häppchen den Trubel der Stadt.
Oost | 's-Gravesandestraat 51 | S-Bahn: Korte 's-Gravesandestraat, Alexanderplein, Beukenweg | Tel. 8 50 24 00 | www.hotelarena.nl | 116 Zimmer | €€€

Urban und grün
Hotel V F4
Angenehm gemütlich und doch sehr stilvoll. Im Designhotel nur wenige Schritte vom Zentrum entfernt kann man übrigens auch noch mit bestem Gewissen in die Kissen sinken. Hotel V ist sehr **umweltfreundlich** und hat sogar ein grünes Gütesiegel.
Centrum | Weteringschans 136 | Tram: Frederiksplein | Tel. 6 62 32 33 | www.hotelvfrederiksplein.nl | 48 Zimmer | €€

Atemberaubend asiatisch
Jakarta H2
10 m wachsen die Palmen. Die Lobby ist ein einziger, riesiger verwunschener tropischer Garten. Aus der offenen Küche duftet es asiatisch. Willkommen auf der Insel Java. Das neue Hotel

Jakarta ist völlig **energieneutral** – und das mit einer fantastischen Architektur, indonesisch angehaucht. Ganz oben ist die Cocktailbar mit spektakulärer Aussicht.

Oost | Javakade 766 | Bus: Majanggracht | Tel. 2 36 00 00 | www.hotel jakarta.amsterdam | 200 Zimmer | €€€€

Trendy und stilvoll
The College Hotel D5
In dieser renovierten alten Schule aus dem 19. Jh. lernen Studenten der Hotelfachschule. Sie servieren in der früheren Gymnastikhalle leichte Gerichte der modernen holländischen Küche und machen die Betten in den alten Klassenräumen – die sind aber heute sehr elegant und stilvoll. In der **schicken Hotelbar** nippen Amsterdamer ihren Cocktail.

Zuid | Roelof Hartstraat 1 | Tram: Roelof Hartplein | Tel. 5 71 15 11 | www.thecollegehotel.com | 40 Zimmer | €€€

TRADITIONSHÄUSER

Theatralische Stimmung
Hotel Toren E2
In diesem Haus an der Gracht lebt die Geschichte: Eine vornehme Kaufmannsfamilie baute sich das Haus 1618 als standesgemäße Residenz. Später war es Wohnort eines Politikers, im Zweiten Weltkrieg diente es jüdischen Bürgern als Versteck vor den Nazis. Heute sorgen dunkle Stoffe und warme Tapeten in den edlen Zimmern für eine theatralische, fast schon **geheimnisvolle Stimmung.**

Centrum | Keizersgracht 164 | Tram: Westermarkt | Tel. 6 22 63 52 | www. thetoren.nl | 37 Zimmer | €€€€

Klein und kuschelig
Mr. Jordaan D2
Alles fing mit einem Gästesofa in den **1960er-Jahren** an. Dann vermietete Meneer van Onna ein Zimmer, dann noch eins, und schließlich war seine Wohnung ein Hotel. So kann's gehen.

Die heutigen Eigentümer bleiben seiner Tradition treu. Ein zweites Zuhause mitten im hippen Viertel Jordaan.

Centrum | Bloemgracht 102 | Tram: Radhuisstraat | Tel. 6 26 58 01 | www.mrjordaan.nl | €€€

DESIGN-HOTELS

Swingend schlafen
Sir Adam F1

Was braucht man schon zum Glück: einen Plattenspieler, eine Gibson-Gitarre und eine reiche Auswahl von LPs. Musik ist das Motto von Sir Adam im alten Shell-Turm. Und das Allerbeste ist der **grandiose Blick** auf alte Türme und das Wasser.

Noord | Overhoeksplein 7 | Tel. 2 15 95 00 | www.sirhotels.com | 108 Zimmer | €€€

Quirlig
Volkshotel G5

Mütter und Manager, Dandys und Dichter, Tellerwäscher und Millionäre – ein Ort für alle. Früher wurde hier die Zeitung »Volkskrant« gemacht, heute ist es ein Treffpunkt mit Club, Cocktailbar und Ateliers für Kreative. Und natürlich mit Zimmern für fast jeden Geschmack: schrill oder minimal, ganz klein oder XL. Auf dem Dach warten **Sauna und Whirlpool.**

Oost | Wibautstraat 150 | Metro: Wibautstraat | Tel. 2 61 21 00 | www.volkshotel.nl | 172 Zimmer | €€€

Märchenhafte Mode
The Exchange E2

Architektur trifft Mode. Eine überraschende Kombination. Alle Zimmer wurden von jungen **Modedesignern** »angezogen«, sodass die Gäste modisch einschlafen können. Und das auch noch für (fast) jeden Geldbeutel. Denn hier gibt es Zimmer von einem bis fünf Sternen.

Centrum | Damrak 50 | Tram: Dam, Centraal Station | Tel. 5 23 00 80 | www.hoteltheexchange.com | 61 Zimmer | €–€€€€

STADTBILD

*Fast jedes Viertel Amsterdams hat ein ganz besonderes cha-
rakteristisches architektonisches Erscheinungsbild. Die unbestrittenen Perlen der Stadt sind die Grachten.*

Grachten

UNESCO-Weltkulturerbe, Touristenmagnet oder einfach wun-
derschön: der Grachtengürtel. Doch eigentlich waren die
Grachten nur die praktische Lösung eines Problems. Die Stadt
platzte durch den großen wirtschaftlichen Erfolg im 17. Jahrhundert aus allen Nähten. Es mussten Wohnungen gebaut werden, doch in dem morastigen Boden war das fast unmöglich.
Also grub man Kanäle. Dadurch konnte das Grundwasser ab-
fließen. Zugleich wurde das Land mit der ausgebaggerten Erde
stabilisiert und erhöht – zwei Fliegen mit einer Klappe geschlagen. Der charakteristische **hufeisenförmige Grachtengürtel**
mit vier Hauptkanälen und einer Vielzahl von kleinen Grachten wurde ab 1613 angelegt. Zusammen sind die Hauptgrachten Heren-, Keizers- und Prinsengracht sowie Singel zehn Kilometer lang und 2,40 Meter tief.

Die Grachten wurden auch als Wasserstraßen für den
Transport von Waren genutzt. Und schon im 17. Jahrhundert
schnallte man sich im Winter die Eisen unter die Schuhe und
lief **Schlittschuh,** wenn es harten Frost hatte. Heute ist das nur
noch selten der Fall, aber sobald es eine Frostperiode gibt, blo-
ckiert die Stadtverwaltung auf einem Teil der Grachten den
Bootsverkehr, um das Zufrieren zu ermöglichen. Denn für
Amsterdamer kann es im Winter kaum ein größeres Vergnügen geben, als auf den Grachten Schlittschuh zu laufen.

Gouden Bocht

Rund 1660 wurde der Grachtengürtel weiter ausgebaut, und
die Herengracht wurde nun bis zur Amstel verlängert. Schon
damals galt die Krümmung, die bei der Spiegelstraat entstan-

Hebebalken an den Häusern ermöglichen es, Waren hochzuziehen. Damit dabei nichts an die Fassade stößt, haben die Giebel oft eine leichte Neigung.

den war, als der **schickste Teil.** Und man kann erkennen, dass die Häuser hier deutlich anders aussehen als die sonst üblichen schmalen Grachtenhäuser, die knapp 50 Jahre zuvor gebaut worden waren: großzügig, mit einem klassizistischen Giebel und doppelt so breit. Sie haben sogar Freitreppen vor dem Eingang, und dahinter lagen hier auch extra breite und große Gärten. Wegen ihrer besonders wohlhabenden Bewohner hieß dieser Teil der Gracht auch schnell die Gouden Bocht, die goldene Bucht.

Hijsbalk (Hebebalken)

Ein ganz besonderes Detail bei fast allen Amsterdamer Häusern sind die Hebebalken ganz oben unterm Dach am Vorgiebel. Seit dem Mittelalter werden mithilfe eines **Flaschenzugs** Waren nach oben gezogen. Und bis heute sind diese Balken in Betrieb, und oft sieht man vor allem Ausländer das Schauspiel bestaunen.

Gerade die Grachtenhäuser sind so schmal, da früher Steuern auf die Breite des Vorgiebels erhoben wurden. Das heißt auch, dass die Amsterdamer Treppen sehr steil sind. So steil,

dass sie in anderen Ländern mühelos als Leitern durchgehen würden. Ein Umzug in ein solches Haus oder aus ihm heraus ist ohne Flaschenzug nahezu unmöglich.

Asterdorp

Ab den 1920er-Jahren baute die Stadt Siedlungen für Geringverdienende – die sogenannten Gartenstädte am Rande der Stadt. Dort sollten Arbeiter gut und gesund leben können. Aber nach Ansicht der Stadtväter waren viele Arme noch nicht reif für eine anständige Wohnung, weil sie, so meinte man, angeblich »sozial unangebrachtes« Verhalten zeigten, zum Beispieler Alkoholiker waren. Die Stadt beschloss, diese Menschen zu erziehen, und richtete eine Art **Wohnschule** ein. Im Norden der Stadt entstand das Viertel Asterdorp, in denen Familien unter strenger Aufsicht wohnten und lernen sollten, »anständige« Bürger zu sein. Alkohol war verboten, einmal in der Woche mussten sie ins Badehaus gehen, und regelmäßig fanden Kontrollen statt. Doch das Experiment scheiterte. Schon allein die Adresse Asterdorp war ein solches Stigma, dass die Bewohner damit nie eine Arbeit fanden. Noch vor dem Zweiten Weltkrieg endete das Experiment Wohnschule.

Koninklijk Paleis (Königlicher Palast)

Der Palast war ursprünglich das Rathaus. Die Stadtregenten hatten es von 1648 bis 1665 auf dem Dam errichten lassen. Das klassizistische Bauwerk von Architekt **Jacob van Campen,** damals strahlend weiß, sollte die Macht der Stadt ausdrücken. Das gelang. Es wurde das wichtigste Bauwerk der Niederlande im 17. Jahrhunderts, dem Goldenen Zeitalter. Damals sprachen die Bürger vom »achten Weltwunder«. Zugleich gab es seinerzeit Pläne, die benachbarte Neue Kirche auf dem Platz um einen großen Turm zu erweitern. Nur: Für

Der Koninklijk Paleis, der Königliche Palast, wurde als Rathaus errichtet. Rechts daneben steht die Nieuwe Kerk, die Neue Kirche.

beide Projekte hatte die Stadt kein Geld. Am Ende bekam das Rathaus den Zuschlag. Erst 1808 wurde das Gebäude übrigens zum Palast, als der Bruder von Napoleon als König von Holland eingesetzt wurde. 1936 schließlich verkaufte die Stadt es endgültig an den niederländischen Staat.

Amsterdamse Bos

Biologen, Geologen, Architekten, Beamte und sogar Sportexperten hatten jahrelang über dem großen Plan gebrütet: Amsterdam sollte einen Wald bekommen. 1934 war es dann so weit. Die Arbeiten begannen und verschafften Tausenden Arbeitslosen einen Job. Doch der Boden war so morastig, dass kein Baum dort wurzeln konnte. Also musste das Gebiet zunächst mit einem komplizierten System von Kanälen trockengelegt werden. Erst 1970 wurde der letzte Baum gepflanzt. Der gut 1000 Hektar große **Stadtwald** hat heute über 200 000 Bäume, 116 Brücken und 200 Kilometer Rad- und Wanderwege, und er bietet gut 700 Käferarten einen Lebensraum.

Architekt Cuypers

Das **Reichsmuseum** steht seit 1885 wie ein Tor zwischen der historischen alten Stadt und den neuen Vierteln, die um 1900 gebaut wurden. Der damals berühmte Architekt P. J. H. Cuypers hatte es entworfen. Er strebte eine Verbindung von Form und Funktion an. Cuypers wollte für die Kunst eine Kathedrale bauen: roter Backstein, viele Verzierungen mit hellen Steinen, viele Türme und spitz zulaufende gotische Fenster. Als das Reichsmuseum 1885 fertig war, mäkelte so mancher strenge Protestant, dass es viel zu katholisch sei – eben wegen der ausschweifenden Dekorationen. Und sie hatten nicht unrecht. Cuypers war Katholik und bekannt als Kirchenbauer.

Aber seine wichtigsten Werke schuf der Architekt im Auftrag des Staates. So auch den **Hauptbahnhof,** der 1989 eingeweiht wurde – ebenso ein Zugangstor zur Stadt. Die Verwandtschaft zum Museum sieht man sofort: 300 Meter lang ist er, hat Türme und erneut gotisch anmutende Fenster – das Gebäude wurde im Volksmund bald »Französische Kathedrale« genannt.

Bauen für Bürger

Auf alten Gemälden tragen die Amsterdamer Kaufleute strengen schwarzen Zwirn. Und wenn überhaupt, dann zeigen höchstens die reich verzierten Spitzenkragen eine Spur von Luxus. Es waren die reichsten und mächtigsten Männer der Welt damals im 17. Jahrhundert, nur zeigten sie das nicht.

Diese **calvinistische Bescheidenheit** strahlt auch der Grachtengürtel aus, der in jener Zeit entstand. Paläste und äußere Pracht findet man nicht. Hier und da mal ein verspielter Treppengiebel oder ein vergoldeter Stein in der Fassade. Von außen aber sollte niemand sehen, welcher Reichtum sich hinter der Fassade verbarg.

Dass die Grachtenhäuser schmal sind, hat einen guten Grund. Es war billiger, denn die Steuern wurden nach der Zahl der Fenster berechnet. Die sind wiederum groß, um viel Licht in die tiefen Häuser zu lassen. Die calvinistische Strenge ist ein Grund für das sehr harmonische Erscheinungsbild des Grachtengürtels, das bis heute streng überwacht wird. Die Behörden lassen kaum einmal den individuellen Gestaltungswunsch eines Besitzers durchgehen. So müssen etwa alle Fenster- und Türrahmen im selben »Grachtengrün« gestrichen sein.

Architektur und Stadtplanung sind bis heute eng miteinander verzahnt. Man will für seine Bürger bauen und das möglichst egalitär. Die Stadtviertel sollen für alle Schichten und Geldbeutel offen sein; viele haben charakteristische Merkmale, die die Visionen der Planer und Stadtväter reflektieren.

Eine Perle der Architekturgeschichte ist das **Stadtviertel Zuid**. In weniger als einem Jahrhundert war die Zahl der Einwohner von 180 000 auf 520 000 im Jahr 1900 gewachsen. Man brauchte Wohnraum, und der wurde im Süden gefunden. Es wurde nach dem sogenannten Plan Zuid des berühmten Architekten und Städteplaners **Hendrikus Petrus Berlage** gebaut. Im Auftrag der Stadt entwarf er einen Plan für ein brachliegendes Gebiet zwischen den Flüssen Amstel und Schinkel.

Bijlmermeer war ehemals ein graues Stadtviertel im Südosten von Amsterdam. Heute leben dort viele verschiedene Nationalitäten – und die Häuser sind bunt.

Von 1917 bis 1925 wurden schnurgerade Straßen angelegt, dazu einige breite Alleen und symmetrische Wohnblocks im expressionistischen Stil der **Amsterdamer Schule** errichtet. Merkmale dieses sehr dekorativen Stils sind Backstein, weiße Fensterrahmen und geschwungene Elemente wie etwa kleine Türmchen. Ein wunderschönes Beispiel ist der Komplex **Het Schip** (Das Schiff) im Westen der Stadt. Er zeigt deutlich den Wunsch der Planer, für Arbeiter schöne Wohnungen mit aufwendigen Materialien zu bauen.

Eine andere Vision sollte im Südosten, im Viertel **Bijlmermeer** realisiert werden. 1966 wurde der Grundstein für »Die Stadt der Zukunft« nach den Ideen des Architekten **Le Corbusier** (1887–1965) gelegt. Der moderne Mensch sollte, so der Gedanke, im Grünen wohnen, weit entfernt von der Arbeit. Zehnstöckige, schier endlos lange Hochhäuser wurden wie Honigwaben angeordnet. Eine Schnellbahn garantierte die Anbindung ans Zentrum. »Wir dachten, dass Glück machbar war«, sollte später der Architekt Pi de Bruijn sagen. »Es war eine utopische Idee, die vielleicht im Nachhinein naiv war.« Das sollte sich schnell herausstellen. Wer Geld hatte, wollte nicht so weit vom Zentrum entfernt wohnen. Und so zogen viele Migranten mit geringem Einkommen in die Wabenhäuser, große soziale Probleme waren die Folge. Als 1992 dann ein Flugzeug auf eines der Hochhäuser stürzte, war das der Anlass für die **radikale Neugestaltung** des Viertels. Heute wohnen dort gut 50 000 Menschen mit 150 unterschiedlichen Nationalitäten.

AMSTERDAM UND SEINE TÜRME

Jahrhundertelang war Hochbau tabu. Erstens war der Bau von Türmen teuer, und zweitens sollte in einer egalitären Gesellschaft keiner auf den anderen herabschauen. Doch nun entsteht eine atemberaubende Skyline.

Wie ein Finger weist der schlanke elegante Turm der historischen **Westerkerk** gen Himmel. Jahrhundertelang war dieser Kirchturm die höchste Erhebung von Amsterdam. Bis zum Ende des 20. Jahrhundert war Hochbau in der Stadt fast ein Tabu. Zum einen war es schlicht zu teuer. Denn in den morastigen Boden müssen hohe Gebäude mit noch mehr Pfählen tief verankert werden, als ohnehin erforderlich. Außerdem wollen Amsterdamer nicht gerne in Hochhäusern wohnen, sondern am allerliebsten in einem eigenen Häuschen mit Gärtchen. Doch das bleibt für die meisten ein Traum.

Aber seit dem Ende des 20. Jahrhunderts schießt Amsterdam in die Höhe. Die Stadt hat keine Wahl. Denn der Platz ist in der Hauptstadt des am dichtesten besiedelten Landes in Europa begrenzt und die Wohnungsnot groß. Daher entstehen nun an den Rändern der Stadt neue Wohnviertel. Im Süden überragen die **Bürotürme im Bankenzentrum** längst den ehrwürdigen Westerturm, und auch im Westen und Osten wachsen Wolkenkratzer gen Himmel. Ein Wettlauf um einen prominenten Platz in der neuen, atemberaubenden Skyline.

Montelbaanstoren F3

Über 500 Jahre schon wacht der trutzige Montelbaansturm über die Stadt – 48 Meter hoch. Heute steht er an einer Gracht fast mitten in der historischen Innenstadt. Doch früher lag hier der Hafen in der Zuiderzee, dem Meer, das später teilweise trockengelegt werden sollte. Der Montelbaansturm ist einer der wenigen Reste der historischen **Verteidigungsanlage** der

Stadt. *Malle Jaap*, verrückter Jaap, nennen ihn Amsterdamer liebevoll spottend. Denn jahrelang konnten seine Glocken ganz plötzlich und zu völlig unregelmäßigen Zeiten läuten.
Centrum | Oude Schans 2 | Metro: Nieuwmarkt

Schreierstoren F2

Um diesen trutzigen, ältesten **Verteidigungsturm** von 1487 ranken sich Legenden. Dort haben die Frauen heulend von ihren Männern und Söhnen Abschied genommen, wenn diese auf große Fahrt gingen. Und wegen des Geschreis, so geht die Legende, wurde der Turm eben Schreiersturm genannt. Das aber stimmt nicht. Der Name ist abgeleitet vom alt-holländischen Wort schray – für steil oder scharf. Und der Turm bildet hier eine besonders spitze Ecke zur Kade am Hafen. Von hier aus stach 1609 Kapitän Henry Hudson in See. Auf seiner Reise in die Neue Welt im Auftrag der holländischen Kaufleute entdeckte er Neu-Amsterdam, das heutige Manhattan.
Centrum | Prins-Hendrikkade 94 | Metro: Nieuwmarkt

Westerkerk D2

Der Turm der Westerkerk ist mit etwa 85 Metern der höchste Kirchturm der Stadt. Auf der Spitze des eleganten Renaissancebauwerks prangt die blau-goldene **Kaiserkrone.** Das erscheint merkwürdig in dieser freien Stadt, die von jeher gekrönte Herrscher allenfalls duldete. Aber auf diese Krone ist die Stadt stolz: Kaiser Maximilian I. verlieh Amsterdam 1489 das Privileg, die Kaiserkrone im Wappen zu führen. Der Wester ist der meist besungene Turm der Stadt und für viele alteingesessene Amsterdamer auch ihr Herz. Jahrhundertelang war die »Perle des Jordaan« die höchste Erhebung der Stadt, wenn auch eine ziemlich schiefe im morastigen Boden. Das wäre aber um ein Haar anders gekommen. Auf dem Dam wurde bei der Neuen

Der Turm der Westerkerk ist in der Stadt kaum
zu übersehen. Berühmt ist sein Glockenspiel mit
50 Glocken, die von Hand gespielt werden.

39

Kirche 1647 der letzte von 6363 Baumstämmen in den Grund gerammt, für das Fundament eines Turmes von 115 Metern. Doch dann ging der Stadt das Geld aus – die Nieuwe Kerk bekam nie einen Turm.

Centrum | Prinsengracht 279 | Tram: Westermarkt | www.westertoren amsterdam.nl

Munttoren E3

De Munt, wie der Turm auch heißt, ist ein beliebter Treffpunkt für Amsterdamer. Er gehörte im 15. Jahrhundert zum mittelalterlichen **Stadttor.** In einem benachbarten Gebäude wurden Münzen geschlagen – so bekam der 35 Meter hohe Turm seinen Namen. Jeden Samstag steigt der städtische Glockenspieler nach oben zum Carillon und gibt auf dem 38 Glocken zählenden Instrument ein Gratiskonzert.

Centrum | Muntplein 12–14 | Tram: Munt

Marathontoren B6

Der Turm aus rotem Backstein bei dem Stadion, das anlässlich der **Olympischen Spiele 1928** gebaut wurde, ragt schlank und elegant in die Höhe. Fragt sich nur wie hoch? 42,195 Meter behauptete lange das Amt für Denkmalschutz. Eine Anspielung auf die Königsstrecke der Leichtathletik von 42,195 Kilometern. Das wäre schön – doch es stimmt gar nicht. Denn tatsächlich misst der Turm 45,80 Meter.

Zuid | Tram: Olympisch Stadion | www.olympischstadion.nl

Zuidas SÜDL. C/D6

Das Finanzzentrum im Süden der Stadt, die Zuidas (Südachse), ist ein Viertel der Superlative – nur der Himmel ist die Grenze. **Bürotürme** von fast 100 Metern sind hier ganz normal. Der allerhöchste aber ist mit 105 Metern und 24 Stockwerken der Hauptsitz der Großbank ABN Amro. Inzwischen wird das Gebiet immer weiter ausgebaut zu einem hypermodernen Wohnviertel, das jetzt schon von Weitem eine neue Skyline der Stadt bildet.

Zuid | Metro: Station Zuid | Gustav-Mahlerlaan 10

Wolkenkrabber F6

Atemlos verfolgten Amsterdamer um 1930 den Bau eines ungewöhnlichen Hauses im Süden der Stadt. Das »12-Etagen-Haus« bekam schnell den Beinamen Wolkenkratzer, denn die Höhe von 40,65 Meter war damals für die Stadt revolutionär. Es steht wie der Bug eines Schiffes an der Kreuzung zweier großer Alleen und blickt auf die Amstel – ein markanter Punkt im städteplanerischen Meisterwerk »Plan Süd« des Architekten Hendrik Petrus Berlage. Aus den damals modernen Materialien Stahl, Beton, Glas und gelber Backstein wurde ein Haus im Stil der **Neuen Sachlichkeit** errichtet. Der Wolkenkrabber war für damalige Begriffe ein hypermodernes Wohnhaus mit Turbo-Liften, Müllschluckern und großzügigen Sechs-Zimmer-Appartements. Wenig respektvoll aber verglich der berühmte Schriftsteller Willem Fredrik Hermans das architektonische Juwel mit einem »Radioapparat«, aus dem allerlei Drähte kamen.

Zuid | Victorieplein 45 | Tram: Victorieplein | www.zuidelijkewandelweg. nl/archief/architectuur/wolkenkrabber.htm

Rembrandttoren G6

Mit 135 Metern (mit der Antenne sind es sogar 150 Meter) ist der Rembrandttoren das **höchste Gebäude** der Stadt, Die Architekten ließen sich bei der Planung übrigens vom Empire State Building in New York inspirieren. 36 Stockwerke hat dieser Büroturm an der Amstel. Inzwischen hat er Gesellschaft bekommen von zwei niedrigeren, ebenfalls nach Malern benannten Türmen: Mondrian und Breitner. Das Prädikat höchstes Gebäude wird der Rembrandtturm nicht mehr lange behalten können. Längst gibt es Pläne für noch höhere Wohn- und Bürotürme im Osten der Stadt, wo 28 Gebäude von bis zu 143 Meter entstehen sollen. Übrigens ist Rembrandt einmal genau dort gewesen, wo heute der Turm steht, der seinen Namen trägt. Damals, im 17. Jahrhundert, war die Gegend, eine künstliche, dem Wasser abgerungene Halbinsel, noch Natur. Rembrandt zeichnete ein romantisches Plätzchen mit Liebespaar.

Oost | Amstelplein 1 | Metro: Amstelstation | www.rembrandttower.nl

Ein Häuschen auf der Brücke

Amsterdam hat mehr Brücken als Venedig – und ist darauf sehr stolz. Bei der letzten **Brückenzählung** kam die Stadt auf 1539. Es gibt romantische, funktionale, königliche, sie sind aus Stein, Holz oder Stahl. Und viele von ihnen kann man öffnen, sogar Autobahnbrücken. »Sorry, die Brücke war offen«, ist der Klassiker unter den Ausreden fürs Zuspätkommen in Amsterdam. Tatsächlich gehört das zum Alltag der Amsterdamer: Plötzlich flackern Warnlichter auf, und dann geht die Brücke in der Mitte auf wie das Maul eines Riesenkrokodils. Alles geht in die Luft, um große Schiffe oder Segelboote mit langen Masten durchzulassen: Straße, Fahrradwege, Ampel, Schilder. Anschließend schließt sich die Brücke wieder.

Die berühmteste Aufziehbrücke ist die **Magere Brücke** über die Amstel gleich bei der Hermitage. Wegen ihrer charmanten und typisch holländischen Holzkonstruktion, wie sie auch Vincent van Gogh gemalt hatte, ist sie eine der am häufigsten fotografierten Sehenswürdigkeiten der Stadt. Früher wurden die Brücken von Brückenwärtern bedient. Von oben hatten sie einen guten Überblick über den Verkehr in den Grachten und konnten schnell, auch per Zuruf, die Durchfahrt regeln – und oft auch noch dafür kassieren.

Auf vielen Brücken wurden extra kleine Häuschen gebaut. Sie sind gerade groß genug, dass sich die Brückenwärter ausruhen konnten. Und natürlich befanden sich dort auch die Hebel, um die Brücke zu öffnen. Viele dieser Gebäude sind architektonische Perlen und stehen heute unter Denkmalschutz. So etwa die **Brückenhäuschen,** die der Architekt Piet Kramer Anfang des 20. Jahrhunderts im Stil der Amsterdamer Schule entwarf: roter Backstein, weiße Fensterrahmen und geschwungene Dächer.

Längst haben Kameras und Computer die Arbeit der Brückenwärter übernommen, und die meisten Brücken werden zentral vom Kontrollraum der Wasserbehörde aus bedient.

Architektur mit nachhaltigem Konzept: Aus vielen der alten Brückenhäuschen, wie hier an der Herengracht, sind Tiny Houses geworden.

Viele Brückenhäuschen haben bereits einen neuen Zweck bekommen: als Büro, Friseursalon, Pizzeria oder Atelier. Und in einigen kann man auch übernachten – den spektakulären Ausblick inklusive. 28 ganz besondere wurden zu **Minisuiten** für zwei Personen umgebaut. Das älteste aus dem Jahre 1673 liegt bei einer Schleuse auf einer kleinen Insel mitten in der Amstel. Dort wurde jahrhundertelang Zoll von den Schiffern eingetrieben. Wer dort heute übernachten will, muss zwar seine Kreditkarte schwer strapazieren. Aber einzigartig ist es schon: Der Blick vom Bett aus mitten aufs Wasser und die Lichter der Stadt. Und am Morgen bringt ein Privatkapitän das Frühstück per Boot.

Vor allem bei den Häuschen aus der Periode der Amsterdamer Schule lohnt sich ein aufmerksamer Blick. Sie sind vielfach geschmückt mit Kunstwerken des Bildhauers Hildo Krop (1884–1970): entzückende Skulpturen von Tieren, aber auch in Stein gehauene symbolische Darstellungen von Arbeitern.

KUNST UND KULTUR

Amsterdam ist auch die kulturelle Hauptstadt der Nieder-
lande. Die Stadt profiliert sich mit Theater und Musik –
und als Zentrum der Literatur und des Dokumentarfilms.

Kulturelles Leben in der Stadt

Die Bewohner der Grachtenstadt sind leidenschaftliche Kon-
zert- und Theaterbesucher, und sie haben bei Dutzenden von
Bühnen die Qual der Wahl. Die Häuser besitzen meist kein
festes Ensemble, sondern sind Bühnen für verschiedene Theatergesellschaften und internationale Gastspiele sowie populäre
Kabarettisten. Die Produktionen finden weit über Amsterdam
und die Landesgrenzen hinaus Beachtung. Das gilt nicht nur
für das Theater, sondern auch für Oper, Tanz und Konzerte.

Niederländer sind aber auch sehr große Musicalfans. Nationale wie internationale Produktionen werden in der Hauptstadt gezeigt. Jedes Jahr im August wird der Beginn einer neu-
en Kultursaison mit dem sogenannten **Uitmarkt** eröffnet. Ein
wunderbar buntes Festival, auf dem alle kulturellen Einrich-
tungen ihr neues Programm vorstellen und Kostproben geben – von der Oper bis zum Schlager.

Wichtige Ensembles

Die führende Theatergesellschaft ist das **Internationaal Theater Amsterdam** (ITA), das mit dem Amsterdamer Stadttheater
verbunden ist. Mit grenzüberschreitenden Produktionen hat
dieses Ensemble auch große internationale Bedeutung.

Die **Nationale Oper** unter Leitung von Chefdirigent Marc
Albrecht ist weit über die Landesgrenzen hinaus bekannt. Bereits mehrfach wurde sie für ihre herausragenden Inszenierungen auch moderner Opern international ausgezeichnet.

Ebenfalls Weltruf hat sich das **Nationale Ballett** vor allem
unter der jahrelangen Leitung des Choreografen Rudi van
Dantzig mit seinen zeitgenössischen Balletten erworben.

Bühnen

Das zentrale Theater ist die **Stadsschouwburg** am Leidseplein. Aber auch die kleineren Bühnen wie **Frascati** oder **De Brakke Grond** sind bedeutend. Sie zeigen Produktionen von kleineren Gesellschaften und Gastspiele. Traditionelle Häuser für Gastspiele und Musicals sind das **Königliche Theater Carré** und das **De la Mar Theater.**

Musik

Ein hell strahlender Mittelpunkt des Konzertlebens der Stadt ist das **Concertgebouw**, jenes berühmte Konzerthaus aus dem 19. Jahrhundert mit seiner einzigartigen Akustik. Das gleichnamige Orchester spielt Klassik auf absolutem Weltniveau. In den traumhaften Sälen treten Stars aus aller Welt auf. Die Konzerte von Gustav Mahler über Jessye Norman, Cecilia Bartoli bis zur Popikone Sting schrieben Geschichte. Ihr Opernhaus nennen die Amsterdamer spöttisch **Stopera**. Die Oper muss sich das Haus an der Amstel nämlich mit dem Rathaus, dem Stadhuis, teilen.

Seit 2010 hat Amsterdam zudem nach der Ansicht von Kennern den schönsten Konzertsaal der Welt: das **Muziekgebouw aan het Ij** am Südufer des Ij-Gewässers. In dem großen Saal (725 Plätze) mit seiner spektakulären Akustik spielen nationale und internationale große und kleine Orchester zeitgenössische Musik: Jazz, aber auch elektronische Pop- und Weltmusik. In der charakteristischen schwarzen Box, die aus dem Bau herausragt, ist das **Bimhuis** untergebracht – vor allem Spielstätte für Jazz und improvisierte Musik.

Prägende Persönlichkeiten

Der belgische Regisseur **Ivo van Hove** leitet seit 2001 das ITA. Er hat sich auch international mit seinen spektakulären Inszenierungen einen Namen gemacht.

Amsterdam ist vor allem auch eine Literaturstadt. Sie ist der Sitz der meisten Verlage, und hier wohnen viele Autoren. Dazu gehören auch die in Deutschland bekannten Schriftsteller Cees Nooteboom, Anna Enquist, Herman Koch, Margriet de Moor,

Connie Palmen und Peter Buwalda. Sie wie auch zahlreiche jüngere Autoren sind der Garant für eine sehr lebendige und **reiche Literaturszene.**

Bücherwoche

Einer der kulturellen Höhepunkte des Jahres ist die *boekenweek,* die Bücherwoche im März. Eröffnet wird sie traditionell mit dem großen Bücherball im Amsterdamer Stadttheater. Alles, was in der Literatur einen Namen hat, kommt. Es ist das gesellschaftliche Ereignis des Jahres.

Anschließend geht es gut eine Woche lang nur ums Buch: Im ganzen Land finden **Lesungen und Debatten** statt – sogar in den Eisenbahnen. Autoren treten auf und signieren. Im Auftrag des Buchhandels und der Verleger schreibt auch jedes Jahr ein berühmter Autor einen Roman, den jeder Kunde beim Kauf eines Buches geschenkt bekommt.

Festspiele

Das 1947 gegründete **Holland Festival** ist das größte internationale Theaterfestival des Landes. Auf den vielen Bühnen der Stadt wird jedes Jahr im Juni ein überwältigendes Programm mit Spitzenproduktionen aus dem In- und Ausland angeboten: Theater, Musik, Tanz, Musiktheater und oft auch spektakuläre Multimediaaufführungen.

Jedes Jahr im Herbst stehen die Kinos und Podien ganz im Zeichen des Dokumentarfilms. Das **Internationale Dokumentarfilm-Festival** (IDFA) ist ein Paradies für Cineasten. Im gesamten Stadtgebiet werden besondere Filme gezeigt, darunter viele Erstaufführungen. Die Vorstellungen werden nicht nur von dem internationalen Fachpublikum besucht, sondern sind auch bei Amsterdamern ein Renner.

Die Stadsschouwburg (s. S. 45) ist die Bühne für großes Theater. Das Haus am Leidseplein genießt einen ausgezeichneten Ruf.

MUSEEN UND GALERIEN

Amsterdam hat gleich drei Kathedralen für die Kunst: das Reichsmuseum, das Van Gogh Museum und das Stedelijk Museum für moderne Kunst. Dazu zeigt eine Vielzahl großer und kleiner Museen Schätze der Kultur und Geschichte.

Kultur und Geschichte

Das Zentrum von Amsterdam ist lebendes Museum. Seine Grachten-, Wohn- und Packhäuser sind Monumente des Goldenen Zeitalters, des 17. Jahrhunderts. Das Besondere: Die Besucher können die Geschichte Amsterdams in den historischen Gebäuden selbst erleben. Die Museen in der Innenstadt beleuchten alle Facetten der Kultur. So erzählt das **Amsterdam Museum** (→ S. 95) die über eintausend Jahre alte Geschichte der Stadt. Das **Schifffahrtsmuseum** (Het Scheepvaartmuseum → S. 131) führt zurück in die glorreiche Zeit der stolzen Handelsflotte, der die Stadt ihren Reichtum verdankte. Die jahrhundertealte Geschichte der Juden in den Niederlanden wird im **Jüdischen Historischen Museum** (Joods Historisch Museum → S. 100) im alten Judenviertel erzählt. Und in das dunkle Kapitel der deutschen Besatzung im Zweiten Weltkrieg und der Judenverfolgung kann man sich hautnah im **Anne-Frank-Haus** (Anne Frank Huis → S. 96) hineinversetzen: In diesem Versteck schrieb Anne Frank ihr weltberühmtes Tagebuch.

Die über 50 oft kleinen Museen in den historischen Grachtenhäusern bieten noch viel mehr: Man kann entdecken, wie die Kaufleute im Goldenen Zeitalter lebten. Was hängten sie an ihre Wände? Wie gestalteten sie ihre Gärten? Im **Grachtenhuis** (→ S. 94) gibt es das Ganze sogar mit Multimediashow. Zudem sehenswert: das **Pianola Museum** (→ S. 96), das **Museum Het Schip** (→ S. 169), das **Tassenmuseum** (Taschenmuseum → S. 101) und das **Woonbootmuseum** (→ S. 98).

Das Rijksmuseum wurde Anfang der 2010er-Jahre traumhaft und teuer renoviert.
Es hat sich gelohnt: viel Licht für die Kathedrale der großen Kunst.

Malerei bis 1900

Kunstliebhaber kommen im Süden der Stadt voll auf ihre Kosten. Die erste Adresse ist der Museumsplatz, der eng mit der
historischen Innenstadt verbunden ist. Wie ein roter Teppich
verläuft die Spiegelstraat von der Herengracht auf das weltberühmte **Rijksmuseum** (Reichsmuseum → S. 146), der Schatzkammer der Niederlande und strahlender Mittelpunkt des
Platzes, zu: eine atemberaubende Kathedrale für Rembrandt
und die großen holländischen Meister. Ebenfalls am Museumsplatz befindet sich das berühmte **Van Gogh Museum** (→
S. 151): Nirgendwo anders auf der Welt hängen so viele Van
Goghs direkt beieinander.

Im **Rembrandthuis** (→ S. 101) kommt man dem Maler des
Jetset näher: In dem stattlichen Herrenhaus wohnte und arbeitete Rembrandt auf dem Höhepunkt seines Ruhms. Ein Hauch
von Russland an der Amstel ist in der **Hermitage Amsterdam**
(→ S. 99) zu spüren, wo Schätze aus der berühmten Eremitage
aus St. Petersburg gezeigt werden.

Moderne und zeitgenössische Kunst

In direkter Nachbarschaft zum Reichsmuseum und Van Gogh
Museum befindet sich auch das dritte berühmte Museum der
Stadt: das **Stedelijk Museum** (Städtisches Museum → S. 147).
Die Badewanne, spotten Amsterdamer liebevoll – aber ein
grandioser Rahmen für moderne Kunst. Zur Kunstmeile mit
den Skulpturen berühmter Bildhauer werden in den Sommermonaten die großen Alleen im schicken Süden im Rahmen der

ArtZuid (→ S. 153), und das internationale Kunstzentrum **De Appel Arts Centre** (→ S. 169) ist führend für zeitgenössische Kunst. Bunt und expressiv geht es im **CoBrA Museum** (→ S. 154) mit seiner imponierenden Sammlung von Werken der berühmten Künstlerbewegung CoBrA zu. Und das **Moco** (→ S. 151) zeigt radikale Street- und Popart von Andy Warhol, Jeff Koons bis Banksy.

Wechselausstellungen und Galerien

Das **CBK Amsterdam** (→ S. 133) ist ein Treffpunkt der zeitgenössischen Kunst in der Hauptstadt. In der **Fons Welters Gallery** (→ S. 97) im Jordaan dreht sich alles um Avantgarde und Multimedia. Eine spannende Bühne für junge internationale Künstler und Installationen bieten die **Ellen de Bruijne Projects** (www.edbprojects.com). Die **Galerie Caroline O'Breen** (www.carolineobreen.com) ist wiederum bekannt für Top-Ausstellungen internationaler Fotografen. Und die **Torch Gallery** (→ S. 97) widmet sich Fotografie, Malerei und Multimedia-Werken – Torch zeigt Werke der Kunst von morgen.

Fotografie- und Filmmuseen

Im spektakulären Gebäude am Nordufer des Ij ist die Heimat des Filmmuseums **Eye** (→ S. 116). Der Kunst der Fotografie widmen sich hingegen das **Foam** (→ S. 94), ein Mekka für Fotoliebhaber mit wechselnden Ausstellungen, und das **Huis Marseille** (→ S. 94): Das erste Fotografiemuseum von Amsterdam ist spezialisiert auf das Werk zeitgenössischer Fotografen.

Naturwissenschaft und Technik

Wie der grün bemooste Bug eines Schiffswracks liegt das Wissenschafts- und Technologiemuseum **Nemo Science Center** (→ S. 101) im Wasser. Und **Micropia** (→ S. 99) ist der weltweit einzige Zoo für die ältesten und kleinsten Lebewesen der Welt – absolut spannend!

Futuristisch: Im Eye sind Kinematografie-Museum und internationales Filminstitut untergebracht.

Die »Titanic« von Amsterdam

Es muss ein grandioser Anblick gewesen sein, als die »Amsterdam« im Oktober 1748 in See stach. Der stolze **Dreimaster** war 150 Fuß (42,50 m) lang, hatte einen Tiefgang von 19 Fuß (5,50 m), war 1100 Tonnen schwer und hatte 42 Kanonen an Bord. Majestätisch glitt das Schiff in Richtung Zuiderzee – das Binnenmeer, das damals noch gleich hinter der Stadt lag. Eine Reise von mindestens acht Monaten sollte beginnen. Am Ufer, beim mittelalterlichen Turm, dem Schreierstoren, war das Volk zusammengeströmt, obwohl die Amsterdamer die großen Kähne gewohnt waren. Dort, wo heute der Hauptbahnhof liegt, wo Packhäuser und moderne Wohntürme emporragen, verlief eine der am stärksten befahrenen Routen Europas.

Seit 1602 schickte die **Vereinigte Oostindische Compagnie** (VOC) ihre Handelsflotte nach Asien: China, Japan und das heutige Indonesien. Reiche Kaufleute hatten ihre Kräfte gebündelt und ihr Kapital in diese erste Aktiengesellschaft der Welt gesteckt. Es wurde eine gigantische Erfolgsstory. Die Niederlande waren die Herren des Seehandels. Mit der »Amsterdam« hatten die *heeren XVII*, die Herrscher der VOC, erneut ein prächtiges Flaggschiff für ihre mächtige Handelsflotte.

Auch fast 150 Jahre nach den Anfängen der VOC war der Stapellauf eines *oostindiëvaarders* noch immer etwas Besonderes. Pro Jahr wurden nur drei der mächtigen Dreimaster auf der Amsterdamer Werft gebaut. Fast eineinhalb Jahre hatten die Bürger miterlebt, wie der wuchtige Schiffsrumpf wuchs, hatten das Hämmern und Sägen gehört, hatten gesehen, wie das Schiff getakelt wurde. Nun, im Oktober 1748, war die **»Amsterdam«** fertig.

Ein Nachbau der »Amsterdam« liegt vor dem Schifffahrtsmuseum. Er wurde von rund 400 Freiwilligen in den 1980er-Jahren gezimmert.

Batavia, heute Jakarta (Indonesien), war von 1619–1799 Hauptquartier der Niederländischen Ostindien-Kompanie (VOC).

Die Lagerräume waren gefüllt mit Stoffen aus Haarlem und Leiden, Wein aus Deutschland und Frankreich, Kleidung, Werkzeug und Töpfen für die niederländischen Siedlungen im Fernen Osten. Das Kostbarste aber war **Silber** im Wert von gut 300 000 Gulden – damals ein Vermögen. Dafür sollten die Kaufleute Zinn und Salpeter, Stoffe und vor allem Gewürze wie Pfeffer, Kardamom und Muskatnuss kaufen. Kapitän war der aus Lettland stammende Willem Klump. Ein erfahrener Mann. Es sollte seine zweite Reise auf einem VOC-Schiff sein. An Bord waren 230 Schiffsleute, 127 Soldaten und fünf Passagiere.

Viele Frauen, so liest man in den alten Chroniken, standen damals am **Schreierstoren** und nahmen Abschied von ihren geliebten Männern und Söhnen. Die vielen weinenden Frauen sollen dem wuchtigen Turm, eines der ältesten Gebäude der Stadt, seinen Namen gegeben haben. So zumindest die Legende. Ein Stein der Backsteinmauer zeigt denn auch solch eine weinende Frau. Doch der Name des Turms ist viel prosaischer. Er geht zurück auf das altholländische Wort *screyhoeck*, was »scharf zulaufende Ecke« bedeutet.

Doch Legende oder nicht – an jenem Oktobertag 1748 werden sicher sehr viele Tränen geflossen sein. Denn auf einem VOC-Schiff anzuheuern war fast schon ein Selbstmordkommando. Die ärmsten Amsterdamer hatten kaum eine andere Wahl, wenn sie dem Elend entkommen wollten. Sogenannte **Seelenverkäufer** lockten junge Männer, oft auch Kinder von zwölf Jahren, mit Unterkunft und Verpflegung. Sie versorgten sie so lange, bis die VOC mit Trompeten und Trommeln in der Stadt bekannt machte, dass sie Seeleute brauchte. Die gerissenen Zwischenhändler steckten sich auch noch einen großen Teil der Heuer der armen Kerle in die eigene Tasche. Auch die Regenten der Waisen- und Armenhäuser lieferten Besatzung für die VOC-Flotte.

Das Leben an Bord war hart. »Wenn ich das gewusst hätte, hätte ich dafür gesorgt, an den Töpfen meiner Mutter zu bleiben«, klagte ein unbekannter Matrose 1751 in einem Tagebuch. Die schwere Arbeit an Bord, Krankheiten, Epidemien und Kämpfe forderten einen hohen Preis. Von 1701 bis 1800 schifften sich 671 000 Arme, Matrosen, Abenteurer, Flüchtlinge oder Bauern auf einem VOC-Schiff ein. Nur 266 000 kehrten zurück.

Die »Amsterdam« segelte zunächst zur Insel Texel und sollte von dort Kurs auf England und dann auf Asien nehmen. Doch die See war rau, die Stürme heftig. Zwei Versuche, von Texel aus in die Nordsee zu stechen, schlugen fehl. Erst am 8. Januar gelang es. Die große Reise konnte endlich richtig beginnen. Doch sie war nur kurz.

Schon kurz nach dem Ablegen war an Bord eine Epidemie ausgebrochen. 50 Mann starben, 40 lagen krank unter Deck auf stinkenden Matratzen. Durch die Stürme war die »Amsterdam« auch noch beschädigt. Am 26. Januar 1749 steuerte Skipper Willem Klump daher beim englischen **Hastings** eine Sandbank an. Ein sicherer Ankerplatz, so war es zumindest in den Seekarten verzeichnet. Klump hoffte, Schiff, Ladung und Besatzung zu retten. Das aber gelang nur zum Teil. Die Mannschaft konnte das Schiff noch verlassen. Auch das Silber wurde gerettet. Doch dann sackte vor den Augen des Kapitäns und der Besatzung das gigantische Schiff mit dem Rest der Ladung im Modder weg. Am 11. März 1749 gab die VOC alle Bergungsversuche auf – die »Amsterdam« war verloren.

Bis heute liegt das **Wrack** im Schlamm vor dem beliebten Seebad Hastings. Bei extrem niedrigem Wasserstand ragen die Reste sogar noch heraus. Doch trotz aller modernen Hilfsmittel scheiterten bisher alle Versuche, das Schiff zu bergen. Die Geschichte des großen Handelsseglers hat Amsterdam nie wieder losgelassen. Das Schiff, das den Namen der Stadt trägt, wurde zur niederländischen »Titanic«.

Der Verlust war für die VOC ein schwerer Schlag. Die Gesellschaft kämpfte damals schon mit gigantischen Problemen. Über 150 Jahre lang hatte sie eine fast unangefochtene Monopolstellung in Asien. Die Kaufleute erwarben Seide in China, tauschten sie für Gold in Japan, kauften indische Stoffe und die heiß begehrten Gewürze. Daheim in Amsterdam scheffelten die Aktionäre dicke Dividenden. Und die Stadt profitierte. Das 17. Jahrhundert wurde zum Goldenen Zeitalter. Doch im Folgenden ging es bergab. Falsche finanzielle Entscheidungen, Kriege mit den Engländern, Aufstände in den Kolonien und zunehmende Konkurrenz erschwerten den Handel bis zur unausweichlichen **Pleite.** Im Jahr 1800 wurde die VOC schließlich aufgelöst.

Heute schaukelt der mächtige Dreimaster stolz vor dem **Schifffahrtsmuseum** auf dem Wasser. Er ist eine Replika und doch das heimliche Wahrzeichen der Stadt. Schließlich ist dieses Schiff wie kein anderes das Symbol für die Blütezeit der VOC sowie ihren Untergang.

An Bord der **Replika** der »Amsterdam« mit ihren grandiosen Gallionsfiguren können große und kleine Besucher mit allen Sinnen diese Geschichte nacherleben. Das schwere Leben der Matrosen, die sich mit Hafergrütze, Trockenfleisch und einem Fingerhut Jenever begnügen mussten. Sie schliefen unter Deck, zusammengepfercht auf engstem Raum, ohne Frischluftzufuhr und ohne Toilette.

Die Ladung war kostbarer als die Menschen. Bei ruhiger See konnten sie auf dem Deck Luft schnappen, Musik machen

Die Niederländische Ostindien-Kompanie (VOC) wurde 1602 gegründet. Unter Admiral van der Hagen stach Ende 1603 die erste Flotte der VOC in See.

oder Karten spielen. Doch bei Sturm wurden alle Luken geschlossen. Wer heute gebückt unter Deck lang läuft, spürt die Enge, hört fast das Stöhnen und Husten, riecht den Gestank. Dazu kommt der extreme Gegensatz: Die Kapitänskajüte auf dem Oberdeck erscheint fast schon wie ein königlicher Palast.

1985 hatte die Stadt beschlossen, ihr berühmtestes Schiff nachzubauen. Anlass war die **Parade** historischer Großsegler aus aller Welt bei der alle fünf Jahre stattfindenden Sail in Amsterdam. Ausgerechnet das Gastgeberland, das einst mächtigste Seefahrervolk der Welt, hatte dafür keinen würdigen Vertreter.

Die Rekonstruktion der »Amsterdam« war nicht nur ein Prestigeprojekt, sondern auch ein soziales Unternehmen. 400 arbeitslose Jugendliche bauten den Segler nach historischen Modellen und Bauzeichnungen mit originalgetreuen Materialien. Im Sommer 1990 war es dann so weit. Eine stolze »Amsterdam« war die Königin der **Sail,** der berühmten Parade. Nach einer turbulenten Geschichte und fast 250 Jahren war die »Amsterdam« wieder zurück in ihrem Heimathafen.

ABENDGESTALTUNG

Für alle, die am Abend noch mehr von Amsterdam erleben möchten: ein Einblick in das Kultur- und Nachtleben einer Stadt, die ein reiches künstlerisches Erbe besitzt.

LIVEMUSIK

Pop & Rock
Melkweg D4
Konzertpodium mit Tradition. In der alten Zucker- und Milchfabrik ist heute ein nicht kommerzielles Multimediapodium mit verschiedenen Sälen für Pop-, Jazz-, Folk- oder Rockmusik. An der Rückseite grenzt der Melkweg direkt an das Theater Stadsschouwburg. Beide Spielstätten wurden vor einigen Jahren auf geniale Weise miteinander verbunden – sodass auch noch ein besonderer Theatersaal entstand.
Centrum | Lijnbaansgracht 234 | Tram: Leidseplein | Tel. 531 81 81 | www.melkweg.nl | Karten ab 14 €

Kultkirche
Paradiso D4
Seit über 50 Jahren ist das Paradiso der **Poptempel** der Stadt und Symbol für den typisch Amsterdamer Umgang mit Protest- und Jugendbewegungen. Ende der 1960er-Jahre war die alte Kirche besetzt worden, Hippies richteten dort einen Musikclub ein. Das Gebäude wurde zwar geräumt, doch die Stadt erkannte, dass die Jugend ein eigenes Zentrum für sich und ihre Musik brauchte. Bis heute ist das Paradiso Treffpunkt von Musikliebhabern fast aller Altersstufen. Regelmäßig kommen auch die ganz großen Stars wie Coldplay oder die Rolling Stones noch auf ein Bierchen vorbei, wenn sie auf der Durchreise sind, und geben spontan ein Extra-Konzert.
Centrum | Weteringsschans 6-8 | Tram: Leidseplein | Tel. 626 45 21 | www.paradiso.nl | Karten ab 15 €

Legendärer Jazz
Cotton Club F3
Der legendäre **Jazz-Club** im Herzen der Stadt wird von Fans
der Livemusik geliebt. Er wirkt ein wenig schummrig und
shabby – aber das gehört sich ja auch für einen charmanten
Club. Vor über 70 Jahren war der Cotton Club zunächst ein
Treffpunkt von Surinamern, doch schnell kamen alle Freunde
der schwarzen Musik zum Nieuwmarkt: jung und alt, reich
und arm, schwarz und weiß. Und immer wieder treten berühmte Jazzmusiker hier auf.
Centrum | Nieuwmarkt 5 | Metro: Nieuwmarkt | Tel. 626 61 92 | www.
cottonclubmusic.nl

KINO

Ganz großes Kino
Pathé Tuschinski E3
Dieses Kino ist weitaus mehr als ein Filmhaus. Der polnische
Jude **Abraham Tuschinski** verwirklichte im Jahr 1921 seinen
Traum von einem Filmpalast. Logen, holzvertäfelte Gardero-
ben, dicke handgewebte, reich verzierte Teppiche und das ge-
dämpfte Licht der Jugendstillampen schaffen eine Atmosphäre
wie die einer ganz großen Oper.
Centrum | Reguliersbreestraat 26 | Tram: Muntplein | www.pathe.nl |
Kasse tgl. ab 9.30 Uhr | Tickets ab 11 €

KONZERTE

Palast der feinen Töne
Concertgebouw D5
Das gut 130 Jahre alte prachtvolle Konzerthaus mit der goldenen Lyra auf dem Dach ist der klassischen Musik geweiht.
Rund **800 Konzerte** werden in vier Sälen im Jahr gegeben. Darunter vor allem natürlich vom Hausorchester, dem Königlichen Concertgebouw-Orchester, das nach Ansicht von Ken-

nern zu den besten der Welt gehört. An den Balkonen im Großen Saal werden die großen Komponisten der Welt geehrt, die dort selbst dirigierten oder deren Werke dort uraufgeführt worden waren. So hat etwa Gustav Mahler einen Ehrenplatz, der fünf seiner Symphonien im Concertgebouw dirigierte. Der österreichische Komponist fand in Amsterdam eine zweite musikalische Heimat, auch wenn er die Stadt nicht leiden konnte, »wo es immer regnet und immer so viel Lärm gibt«. Zuid | Concertgebouwplein 2–10 | Tram: Van Baerlestraat, Museumplein | www.concertgebouw.nl

Konzert mit Aussicht
Muziekgebouw aan 't IJ G2
Für die moderne Konzerthalle aus dem Jahr 2005, direkt am Ufer des Ij erbaut, ist das dänische Architektenbüro **3XN** mehrfach ausgezeichnet worden. Die große Glasfassade des eleganten Pavillons ragt fast ins Wasser hinein. Von hier aus hat man einen spektakulären Blick auf die alten Türme der Stadt und das Wasser. Mindestens ebenso spektakulär wie das Gebäude ist die Akustik. An der Uferseite des Gebäudes springt wie ein großer schwarzer Kubus das **Bimhuis** hervor – Podium für Jazz und improvisierte Musik.
Centrum | Piet Heinkade 1 | Tram: Muziekgebouw | www.muziekgebouw. nl, www.bimhuis.nl | Kasse Mo–Sa 14–18 Uhr

OPER

Konzert mit Aussicht
Nationale Opera & Ballet F3
Das Amsterdamer Musiktheater (heute Nationale Oper & Ballet) ist relativ jung, hat aber eine lange Vorgeschichte. Schon vor über 100 Jahren sollte in Amsterdam eine Oper gebaut werden. Doch Zank und Streit verhinderten das stets. Erst 1979 einigte man sich darauf, Oper, Ballett und Rathaus in einem Haus an der Amstel unterzubringen. 1986 war das Gebäude fertig. Die meisten Vorstellungen sind schnell ausver-

kauft. Kleiner Trost: Jeden Dienstag gibt es **Lunchkonzerte** im Foyer, und die sind gratis.

Centrum | Waterlooplein 22 | Tram: Waterlooplein | www.operaballet.nl | Kasse Mo–Fr 12–18, Sa, So 12–15 Uhr | Karten ab 15 €

THEATER

Charmantes Schmuckkästchen
De kleine Komedie E3

Intim und charmant. Das kleine Theater aus dem Jahre 1786 ist vielleicht das kostbarste Juwel der Amsterdamer Bühnen. **Solo-Künstler** lieben es für Chansons, Cabaret und Konzerte.

Centrum | Amstel 56-68 | Tram: De Munt, Rembrandtplein | Tel. 624 05 34 | www.dekleinekomedie.nl

Glanz & Glamour
Koninklijk Theater Carré F4

Vor über 130 Jahren wurde an der Amstel der weiße Palast für den Zirkus Carré errichtet. Inzwischen ist die **ehemalige Zirkusspielstätte** im Neorenaissancestil eine bezaubernde Bühne vor allem für Musicals, Konzerte und Kabarett. Aber es gibt auch wieder klassische Zirkusaufführungen.

Centrum | Amstel 115-125 | Tram: Weesperplein | www.carre.nl | Kasse tgl. 16–18 Uhr | Karten ab 16,50 €

Theater vom Feinsten
Stadsschouwburg D4

Mit seinen Türmchen und Erkern wirkt das Backsteingebäude fast wie ein Stadtpalais. Dabei ist es eher das kulturelle Wohnzimmer der Niederlande, Bühne für alle großen nationalen Theatergesellschaften und internationalen Gastspiele. Das Theater ist auch Heimat für das bekannteste Ensemble des Landes, die Toneelgroep Amsterdam. Seit 2018 bilden Theater und Ensemble das **Internationaal Theater Amsterdam** (ITA).

Centrum | Leidseplein 26 | Tram: Leidseplein | www.ita.nl | Kasse Mo–Sa 13–18 Uhr

Tulpen aus Amsterdam

Am 23. September 2004 trauerte Amsterdam. Der Volkssänger **André Hazes** war gestorben. Er war nur 53 Jahre alt geworden. Bei der Trauerfeier im Stadion stand sein Sarg mitten auf dem Fußballfeld von Ajax Amsterdam. Zehntausende waren damals dabei, weitere sechs Millionen Menschen verfolgten die Zeremonie live im Fernsehen.

André Hazes war und ist Kult. Dabei war der dickliche Sänger mit der Wahnsinnsstimme kein Weltstar und sicher auch kein Teenie-Idol. André Hazes war einfach ein Amsterdamer mit einem kleinen großen Leben, voller Triumph und Tragik, Liebe und Lügen. Sein größter Erfolg, der Song **»Blut, Schweiß und Tränen«,** wurde zu seinem Lebenslied. Er war einer von uns, sagen viele.

Als kleiner Junge war Hazes auf dem berühmten Albert Cuyp Markt entdeckt worden, als er, auf einer Apfelsinenkiste stehend, Schlager schmetterte – und am Ende gelang ihm, was zuvor noch kein Volkssänger geschafft hatte: Er trat im ehrwürdigen und ausverkauften Concertgebouw auf.

Das Leben des Sängers war geprägt von Erfolgen, Rückschlägen und vom Alkohol. Seine meist sentimentalen Schlager trafen und treffen viele Amsterdamer als typische Melodie dieser Stadt ins Herz.

Amsterdam ist ein beliebtes Objekt von Dichtern und Komponisten. Über **1000 Lieder** wurden über die Stadt geschrieben. Vom Schlager bis zum Rap, vom Popsong bis zum Chanson. Und auch im Ausland wurde der Stadt musikalisch die Liebe erklärt. Das bekannte »Tulpen aus Amsterdam« etwa wurde von Deutschen geschrieben, die Ode »Le port d'Amsterdam« vom belgischen Chansonnier Jacques Brel.

Am häufigsten, so ergab eine Untersuchung, wurde der Westertoren besungen, der Turm der West-Kirche am Rande des Jordaan – das heimliche Wahrzeichen der Stadt. Amsterdamer sagen, dass sie Heimweh bekommen, wenn sie die Glo-

Fans von André Hazes feiern ihren Star auch nach seinem Tod, wie hier während eines Konzerts in der Amsterdam Arena im Jahr 2008.

cken des Westertoren nicht hören können. Vor allem aber ist der Jordaan eng verbunden mit diesen **Volksliedern.** Das einstige Arbeiterviertel gilt als die Wiege der typischen Amsterdamer Geselligkeit. Dabei ging es in den engen feuchten Wohnungen und den kleinen Gassen sicher nicht sehr romantisch zu, im Gegenteil. Bis weit in die 1970er-Jahre herrschten dort bittere Armut, Gewalt, Trunksucht, Kriminalität.

Die Lieder spiegeln eine Sehnsucht wider nach einer Idylle, die es nicht gab. Und durch die Musik konnte man der Misere zumindest für eine Weile entfliehen. Die berühmtesten Volkssänger der Stadt kamen aus dem Jordaan: **Tante Leen, Johnny Jordaan** oder **Zwarte Riek** sind bis heute Legenden.

Einmal im Jahr ehrt die Stadt ihre musikalischen Helden, und das Viertel wird beim **Jordaan-Festival** zur Bühne. Aber eigentlich lädt immer irgendwo in der Stadt eine Kneipe zum Mitsingen ein. Und wenn es im urigen Café Nol oder De Twee Zwaantjes gesellig wird, dann stimmt sicher jemand die heimliche **Hymne der Stadt** an: »An den Amsterdamer Grachten hab ich für immer mein Herz verloren«.

FESTKALENDER

April
Koningsdag (Königstag)

Am Geburtstag von König Willem-Alexander wird die ganze Stadt zu einem einzigen Flohmarkt. Der Amsterdamer »Freimarkt« ist im ganzen Land berühmt für sein fröhliches Geschiebe und Gedränge und die lockere und freche Stimmung – selbst bei Regen. Besonders gemütlich geht es im Jordaan zu. Dort machen kleine Bands Musik, und Restaurants servieren im Freien. Der Vondelpark ist an diesem Tag für die Kinder reserviert, die dort mit ihren Familien verkaufen, spielen oder Musik machen können.

27. April

Mai
Dodenherdenking (Totengedenken)

Nationaler Gedenktag für die niederländischen Opfer des Zweiten Weltkrieges und bei Friedenseinsätzen. Nach einem Gottesdienst in der Nieuwe Kerk werden auf dem Dam Reden gehalten und Kränze am Nationaldenkmal gegenüber dem königlichen Palast niedergelegt, auch von König Willem-Alexander. Punkt 20 Uhr schlägt die Glocke der Nieuwe Kerk, und im gesamten Land werden zwei Schweigeminuten gehalten.

4. Mai | www.4en5meiamsterdam.nl

Bevrijdingsdag (Befreiungstag)

Musik-Festivals im ganzen Land zur Feier der Befreiung von der deutschen Besatzung im Mai 1945. Höhepunkt ist das Befreiungskonzert auf der Amstel am Abend im Beisein der königlichen Familie.

5. Mai | www.4en5meiAmsterdam.nl

Juni
Holland Festival

Großes Theater- und Musikfestival, auch mit vielen internationalen Produktionen. In gut drei Wochen geben national und international renommierte Ensembles auf den Bühnen der Stadt mehr als 100 Vorstellungen.

3 Wochen im Juni | www.hollandfestival.nl

Open Tuinen Dagen (Tage der offenen Gärten)

Im Juni werden die schönsten Gärten an den Grachten gezeigt. Auch viele Privatleute öffnen dann die Türen zu ihren historischen Grachtenhäusern und Gärten. In den blühenden Anlagen und stilvollen Sälen wird musiziert und deklamiert.

Mitte/Ende Juni | www.opentuinen dagen.nl

Juli
Over 't IJ Festival

»Über dem Ij«, also am anderen Ufer des Ij-Gewässers, zeigen junge Theatermacher ihre Vorstellungen in Containern. Bekannte Ensembles treten im Sommer in den alten Hallen der Werft NDSM auf. Oft beziehen sie das Wasser und die historische Innenstadt mit in ihre Vorstellung ein. Und mitten zwischen den Containern und Zelten wird gegessen und Musik gemacht.

Anfang/Mitte Juli | www.overhetIJ. nl

August
Gaypride

Die große Bootsparade für die Rechte von Homosexuellen wirkt fast wie ein Karnevalsumzug. Auf den verrückt gestalteten Booten fahren Schwule und Lesben, sehr fantasievoll, oft nur sparsam bekleidet, durch die Grachten. An dem Spektakel beteiligen sich auch Politiker, Stars und Organisationen.

Anfang August | www.amsterdam pride.nl

Grachtenfestival

Die Grachten werden zur Bühne: kleine und große Konzerte in alten Grachtenhäusern oder auf schwimmenden Podien auf dem Wasser. Höhepunkt und Abschluss ist das Prinsengrachtkonzert. Dann spielt das Orchester des Concertgebouw auf einem gigantischen Ponton mitten auf dem Wasser.

Mitte/Ende August | www. grachtenfestival.nl

August/September
Uitmarkt

Die Eröffnung der neuen kulturellen Saison wird groß gefeiert. Theater werben für ihre Vorstellungen und geben Kostproben, Orchester spielen auf den Plätzen, neue Bücher werden präsentiert. Ein ganzes Wochenende lang kann man bei leckeren Häpp-

chen auf den Plätzen die Evergreens aus Musicals oder Schlager mitsingen.

Ende August/Anfang September | www.uitmarkt.nl

Jordaanfestival

Drei Tage lang dreht es sich im Herzen der Stadt um den Schlager. Das heißt, die ganz typische Variante aus dem geselligen Amsterdamer Volksviertel Jordaan. In Kneipen und Cafés singen bekannte Stars und Volkssänger über die Liebe und die Sehnsucht zu ihrer Stadt. Und alle, die da sind, singen mit.

Mitte September | www.jordaan festival.nl

November/Dezember
IDFA

Das Internationale Dokumentarfilm-Festival genießt Weltruf. In den Kinos der Hauptstadt werden internationale Produktionen nicht nur einem Fachpublikum gezeigt. Hauptpreis ist der IDFA Award for Best Feature Length Documentary. Reser-

vieren ist absolut notwendig, wenn man nicht draußen bleiben will.

Ende November/Anfang Dezember | www.idfa.nl

Sinterklaas

Traditionell bringt der Nikolaus, der *sinterklaas*, den Kindern die Geschenke. Am 5. Dezember ist in den meisten Familien Bescherung. Die Vorfreude beginnt schon drei Wochen vorher. Der heilige Mann kommt mit dem Boot an und reitet auf einem Schimmel durch die Stadt, begleitet von zahlreichen lustigen Helfern, den *zwarte pieten*. Sie streuen Pfeffernüsse in die Menge.

Mitte November/5. Dezember

November–Januar
Amsterdam Light Festival

Lichtobjekte und Installationen verleihen Amsterdam einen magischen Zauber. Besonders magisch ist das am Abend von einem Boot aus.

November–Januar | www.amster damlightfestival.com

Wenn in Amsterdam gefeiert wird, wie hier am Königstag (s. S. 64), dann wird es meist ziemlich orange in der Stadt.

DUTCH DESIGN UND MEHR

Käse und Tulpen sind nicht nur für die Niederlande typisch,
sondern auch für Amsterdam. Aber noch mehr sind das ed-
les Design, saure Gurken, Schokolade und Bier.

Schokolade

Amsterdam ist eine Schokoladenstadt. Die erste Schokoladen-
fabrik wurde bereits 1815 errichtet, die Van-Houten-Ka-
kao-Fabrik. Seither ging die Liebe der Amsterdamer zur Schokolade nie vorbei. Die Stadt hat zwei neue Schokoladenfabriken.
Die Macher von **Tony Chocolonely** produzieren die erste
»sklavenfreie« Schokolade. Ein faires und nachhaltiges Pro-
dukt stellen auch die **Chocolatemakers** her. Brandneu ist ihre
Fabrik, in der Besucher sehen können, wie aus der Bohne eine
Tafel wird.

Tony Chocolonely: West | Pazzanistraat 1 | Tram: Westergasfabriek, Bus:
Westerpark | www.tonyschocolonely.com

Chocolatemaker: West | Radarweg 32A | Metro: Sloterdijk | www.chocolate
makers.nl

Bier

Seit dem Mittelalter schon wird in Amsterdam Bier gebraut.
Lange Zeit war es gar nicht lecker, denn man nutzte das Wasser
aus den Grachten, was damals nicht gerade appetitlich war.
Das ist natürlich längst anders geworden. Gerard Adriaan Hei-
neken gründete sein Unternehmen 1864, als er die Brauerei De
Hooiberg in Amsterdam kaufte. Seit einigen Jahren blüht die
Tradition des Bierbrauens wieder. Es gibt inzwischen **13 neue**
Brauereien in der Stadt. In alten Mühlen, Fabrikhallen oder
Werften wird fantastisches Spezialbier gebraut und oft auch
ausgeschenkt. Leichte und schwere Biere sind dabei, biologi-
sche und nicht-alkoholische.

Für kalorienbewusste Besucher ist Amsterdam eine teuflische Versuchung. Groß sind die Verlockungen der zahlreichen Confiserien.

Dutch Design

Tulpen-Kitsch gibt es an jeder Ecke. Aber bekannt ist Amsterdam für edle Formen: Dutch Design. Mit minimalistischen Formen, klaren Farben, funktionellen Objekten und einer Portion Humor haben die holländischen Designer Weltruf erworben. Zum Beispiel die Urnen-Vase von Hella Jongerius oder »The Birdhouse« von Marcel Wanders. Design findet man nicht nur in edlen Läden, sondern beispielsweise auch im Traditionskaufhaus Hema oder beim weltberühmten **Designerkollektiv Droog Design** (→ S. 104).

Saures

Ohne sauer eingelegte **Gurken** oder **Zwiebelchen** kann ein *borrel* (Beisammensein) eigentlich gar nicht gesellig sein. Das *amsterdams zuur* (Amsterdamer Saures) gehört einfach dazu. Es ist eine alte Tradition. Schon vor über 165 Jahren zogen vor allem jüdische Händler mit Holzkarren durch die Straßen, um sauer eingelegtes und daher lange haltbares Gemüse zu verkaufen. Heute sind die Waren begehrte Delikatessen, die man in Spezialläden bekommt oder auf Märkten: gelbe und grüne Gurken, Cornichons, weiße Silberzwiebelchen oder saure Heringe. Die Amsterdamer Zwiebel ist übrigens eine kleine Zwiebel eingelegt in Essig und Gewürzen, der Safran färbt sie gelb.

KULINARIK

Amsterdam lädt ein zur kulinarischen Entdeckungsreise: Scharfes und Gewürztes aus den früheren Kolonien – und natürlich die geliebten Fritten.

Das Erbe der Kolonien
Die früheren Kolonien haben kulinarische Spuren hinterlassen und sind fester Bestandteil der niederländischen Küche: *bami, nasi* oder *saté* und natürlich *pindakaas* kommen ursprünglich aus Indonesien. Die **Erdnussbutter** schmieren sich die Niederländer nicht nur aufs Brot, sondern essen sie auch als scharf gewürzte Soße zu ihren geliebten Fritten.

Kopje koffie
Der Niederländer trinkt Kaffee zu jeder Tages- und Nachtzeit. Das *kopje koffie* gehört eben einfach zum Alltag dazu. Typisch für Amsterdam sind die **Grand Cafés,** in denen Literaten, Künstler oder andere Besucher Zeitung lesen oder sich zum Debattieren treffen. Übrigens besucht man einen Coffeeshop nicht wegen des Kaffees, sondern weil man hier Haschisch und Marihuana legal kaufen kann. Und ein Café kann auch eine Kneipe sein. Wenn die auch etwas zu essen anbietet, dann heißt sie *eetcafé.*

Brot und Käse
Der Amsterdamer mag es mittags eher mager: Ein Käsebrot und ein Glas Milch müssen reichen. Allerdings haben sie wunderbaren Käse, den Frau Antje oft leider nicht nach Deutschland bringt. Einen friesischen **Nelkenkäse** etwa oder den **ur-uralten Gouda** – so hart wie Parmesan und super aromatisch. Das Brot zeichnete sich früher ja eher dadurch aus, dass es so schlapp war, dass man es in jede Richtung biegen konnte, ohne dass ein Krümelchen abbrach. Doch heute gibt es köstliches Brot und Brötchen.

Ausgefallene Sorten, gute Laune: Kaffee- und Teeliebhaber sollten sich das Wijs & Zonen (s. S. 104) nicht entgehen lassen. Das Geschäft gibt es schon seit 1792.

Gestampftes

Die Hauptmahlzeit der Niederländer ist das Abendessen. Das ist in vielen Fällen eine deftige **Hausmannskost** aus Kartoffeln, Gemüse und Fleisch. Wenn es draußen kalt ist, dann stampfen sie das alles gern noch zu ihrem geliebten *stamppot* zusammen. Zum Beispiel mit Endivien oder Grünkohl. Das ist ein wenig gewöhnungsbedürftig, kann aber sehr lecker sein.

Frikandellen

Die Niederländer sind Weltmeister der schnellen Küche und lieben ihre Snackbars. Der Renner sind *frikandellen*. Das sind undefinierbare **Fleischstäbe** und in nichts mit der deutschen Frikadelle zu vergleichen. Die werden dann auch noch gern unter einer dicken Schicht Ketchup oder Mayo begraben.

Hering

Holländer sind verrückt nach Heringen. Und die Amsterdamer sind da keine Ausnahme. Kaum sind die ersten neuen Heringe da, wird das angepriesen und bejubelt wie in Frankreich der neue Beaujolais. Mindestens 16 Prozent Fettgehalt muss der neue haben. Und das ist meistens im **Juni** der Fall. Man isst die frischen Filets traditionell gleich beim Heringshändler. Kenner tun das in einem Stück: am Schwanz festgehalten, Kopf in Nacken und runter geht's. In Amsterdam gibt's dazu Zwiebeln und saure Gurken.

Leckeres Fett

Immer wenn es gesellig wird, greift der Holländer zum Frittierten. Nach dem Motto: je fetter, desto geselliger. Auch wenn man in Amsterdam wirklich sehr fein speisen kann, die fetten Häppchen lässt sich keiner nehmen.

Und dafür hat man in der Stadt eine wunderbare Erfindung: den *borrel*. Eigentlich ist es ein kleiner Schnaps, doch inzwischen wird auch das Drumherum so genannt. Der *borrel* ist zur kulturellen Institution geworden: **nettes Beisammensein** beim Bierchen oder einem Glas Wein mit Familie, Freunden, Nachbarn oder Kollegen. Beim *borrel* lässt man den Tag oder die Woche ausklingen oder beendet eine anstrengende Konferenz. Aber eigentlich braucht man keinen Anlass.

Borrelen geht überall. Zu Hause, in den Grand Cafés, in denen man sich auch zum *kopje koffie* trifft oder die Zeitung liest. Aber auch in einem *bruin café*, einem der traditionellen Amsterdamer »braunen« Kneipen mit viel Patina, in denen die Zeit stehen geblieben zu sein scheint.

Doch nun zum Wichtigsten: Was isst man? Traditionell für Amsterdam sind etwa dicke Scheiben Leberwurst oder geräucherte Rindswurst, dazu sauer eingelegte Silberzwiebeln und Cornichons – das *zuur*, das **Saure** eben. Oder – Frau Antje lässt grüßen – kleine Käsewürfel mit Senf. Unbedingt dazu gehören auch *bitterballen*. Die sind überhaupt nicht bitter, sondern heißen nur so, weil man sie früher zu einem Kräuterbitter aß. Die **Bällchen** sind gefüllt mit einem feinen Kalb- oder Rindfleischragout und werden dann frittiert. Man isst sie heiß und mit Senf, und – ja – sie sind köstlich. Die große Schwester des *bitterballs* ist die *kroket*. Die wiederum hat so gar nichts mit unseren Kartoffelkroketten zu tun, sondern ist auch mit dem köstlichen Ragout gefüllt und herrlich kross.

Aber das ist nicht alles. Aus der indonesischen Küche kommen, ein kulinarisches Erbe der Kolonialzeit, die Mini-*loempias*, kleine, pikante **Frühlingsrollen.** Und dann sind da natür-

Bitterballen mit Senf sind eine typisch niederländische Spezialität. Die frittierten und mit Fleisch gefüllten Bällchen sind außen knusprig und innen heiß.

lich noch die *frikandellen* – bitte nicht mit den deutschen Frikadellen verwechseln. Denn sie sind etwas anderes: eine Art lange **Fleischstäbe,** gut gewürzt, und meist werden sie in einem See von Ketchup oder Mayonnaise ertränkt. Warum, weiß keiner so genau. Übrigens servieren auch die Bars der Luxushotels Mini-*frikandelletjes* zum *borrel.* Und die sind richtig gut.

Frikandellen sind der absolute Lieblingssnack der Niederländer – rund 400 Millionen vertilgen sie im Jahr. Dazu gibt's natürlich Fritten – sagen die Amsterdamer. Allerdings werden *patat* nie zum *borrel* serviert. **Fritten** holt man sich in der Snackbar, die es in Amsterdam an jeder Ecke gibt. Und bei den Saucen kennt der Holländer keine Bescheidenheit. Unsere Pommes rot-weiß sind nichts dagegen. *Patat speciaal* zum Beispiel sind Pommes mit Mayo, Ketchup oder Currysoße und Röstzwiebeln.

Der andere Klassiker heißt *patatje oorlog,* was auf Deutsch etwa so viel wie »Frittenkrieg« heißt: **Pommes** mit Mayo, Röstzwiebeln und *pindasaus,* der leckeren scharfen Erdnusssauce, die sich die Holländer sowieso gern über alles gießen. Ein *kroketje* oder *patatje* können Amsterdamer eigentlich immer essen, durchaus auch nach einem Opernbesuch. Und man kann sie sogar aus dem Automaten ziehen. Denn die Zeit bis zum nächsten *borrel* kann sehr lang sein.

KULINARISCHES LEXIKON

aalbes: Johannisbeeren
aardappelen: Kartoffeln
aardbeien: Erdbeeren
aperitief: Aperitif
appelsap: Apfelsaft
asperges: Spargel
azijn: Essig

baars: Barsch
beschuit: Zwieback
biefstuk: Beefsteak
bier, pilsje: Bier
– van de tap: vom Fass
bloemkool: Blumenkohl
boerenkool (bu-): Grünkohl
bord: Teller
borrel: Schnaps, Umtrunk
borreltijd: Drink nach Feierabend
boter: Butter
boterham: belegtes Brot
bramen: Brombeeren
bronwater: Mineralwasser
brood: Brot

chocolademelk: Kakao

dagschotel: Tagesgericht
deegwaren: Teigwaren
diner: (abendl.) Hauptmahlzeit
doorbakken: durchgebraten

drank/drankje: Getränk
drop: Lakritze
druiven: Trauben

eend: Ente
erwten: Erbsen

forel: Forelle
frambozen: Himbeeren
fruit: Obst

garnalen: Garnelen
gebak: Kuchen
gehakt: Hackfleisch
gevogelte: Geflügel

haantjes: Hähnchen
ham: Schinken
haring: Hering
hoofdgerecht: Hauptgericht

jam: Marmelade

kaas: Käse
kabeljauw: Kabeljau
kalfsvlees: Kalbfleisch
karbonade: Kotelett
kersen: Kirschen
kip: Huhn
knoflook: Knoblauch
koekjes: Kekse
koffie: Kaffee

koffie met/zonder suiker/ melk: Kaffee mit/ohne Zucker/Milch
komkommer: Gurke
konijn: Kaninchen

lamsvlees: Lammfleisch
lepel: Löffel

makreel: Makrele
mes: Messer
middageten: Mittagessen
mosselen: Muscheln
mosterd: Senf

oester: Auster
olie: Öl
ontbijt: Frühstück
ossenhaas: Filetsteak

pannenkoek: Pfannkuchen
patat: Kartoffeln, Fritten
peer: Birne
perzik: Pfirsich
pindakaas: Erdnussbutter
prei: Lauch
pruimen: Pflaumen

rijst: Reis
room: Sahne
roomboter: Butter
rundvlees (ründflees): Rindfleisch

sap: Saft
saus: Sauce
schelvis: Schellfisch

schol: Scholle
sinaasappel: Apfelsine
sla: Salat
slagroom: Schlagsahne
snoek: Hecht
snoekbaars: Zander
soep (sup): Suppe
spa: Mineralwasser
sperziebonen: grüne Bohnen
stamppot: Eintopfgericht

taart: Torte, Kuchen
tarbot: Steinbutt
thee: Tee
toetje/dessert: Nachtisch
tong: Seezunge
tonijn: Thunfisch

uien (euen): Zwiebeln
uitsmijter: Strammer Max

venkel: Fenchel
vis (fiss): Fisch
vlees: Fleisch
voorgerecht: Vorspeise
vruchten: Obst

water: Wasser
wijn: Wein
wild: Wild
worst: Wurst
worteltjes: Karotten

zalm: Lachs
zeeduivel: Seeteufel
zeetong (see-): Seezunge
zout: Salz

Ein Spaziergang an den weltberühmten Grachten gehört zum Besuchsprogramm in Amsterdam. Die Kanäle zählen zum UNESCO-Welterbe.

HINEIN IN DIE STADT

GROENBURGWAL
CENTRUM

CENTRUM

Magnet für Millionen: die Grachten. Sie bezaubern bei Tag und Nacht. Die historische Innenstadt ist romantisch und sehr lebendig. Geselliger Jordaan, raues Rotlichtviertel, stolzer Palast, quirlige Ausgehmeile – das Amsterdamer Zentrum hat alles.

Amsterdam ist eine Stadt des Wassers. Die vielfach besungenen Grachten, die wie ein Gürtel das Zentrum umgeben, machen die leichte Atmosphäre der Stadt aus und sorgen für das besondere Licht. Aber mitten durchs Zentrum fließt auch die Amstel. Vor gut 700 Jahren bauten Siedler einen Damm gegen die Fluten der Zuiderzee. Der Rest dieses Meeres liegt heute hinter dem Hauptbahnhof: das Ij.

Als vor gut 400 Jahren die schnell wachsende Bevölkerung Platz brauchte, wurden die **Grachten** gegraben, um das Bauland zu entwässern und so Wohnungen errichten zu können. Direkt an den Grachten entstanden Lager- und Kaufmannshäuser. 165 Grachten hat die Stadt heute, 90 Inseln und über 1500 Brücken – das sind weit mehr, als es in Venedig gibt.

Die gesamte historische Innenstadt steht auf Pfählen. Ohne sie würde die Stadt unweigerlich in dem morastigen Boden

Blick über das Amsterdamer Zentrum.

Oude Kerk
→ S. 86

Koninklijk Paleis
→ S. 84

versinken. Dass es keine großen Monumente und Prachtstraßen wie in anderen europäischen Metropolen gibt, liegt aber nicht etwa an dem weichen Boden. Nein. Amsterdam war immer eine Bürgerstadt und kannte und tolerierte keine feudalen Herrscher, die sich selbst ein Denkmal setzen wollten.

Das Zentrum lässt sich am besten vom **Dam** aus erkunden. Der älteste Teil der Stadt liegt bei der Alten Kirche und dem Nieuwmarkt und zieht wegen des Rotlichtviertels viele Touristen an. Idyllisch und trendy ist der **Jordaan** im westlichen Grachtengürtel. Am Rande dieses einstigen Viertels der kleinen Leute steht die Westerkerk. Deren berühmtes Glockenspiel war bereits ein Trost für Anne Frank, die ein paar Häuser weiter ihr weltberühmtes Tagebuch schrieb.

Die hohen Mieten und Immobilienpreise an den Grachten können sich nur noch wenige Amsterdamer leisten. Banken und Anwaltskanzleien residieren an den Hauptgrachten, aber dort befinden sich auch einige stilvolle **Museen** mit prachtvollen Gärten. An den kleinen Grachten und den vielen Seitenstraßen gibt es Boutiquen, Galerien, Cafés und Restaurants.

Das Zentrum gilt als Wiege der berühmten niederländischen Toleranz. Jahrhundertelang fanden Flüchtlinge und Andersdenkende hier Zuflucht. Diese Toleranz ist auch die Basis für den liberalen Umgang etwa beim Verkauf von Haschisch in den **Coffeeshops** oder der offenen **Prostitution** auf den Wallen.

St. Nicolaaskerk

Westerkerk
→ S. 96

SEHENSWERTES

1. Dam ★
2. Nieuwe Kerk
3. Koninklijk Paleis (Königlicher Palast)
4. Börsenpassage 👁
5. Nieuwmarkt
6. Montelbaanstoren
7. Oude Kerk
8. De Wallen ★
9. Schreierstoren
10. Grachten ★
11. Museum bei der Rolltreppe 👁
12. Bijbels Museum (Biblisches Museum)
13. Jordaan ★
14. Frühstück am Noordermarkt ⚑
15. Foam
16. Het Grachtenhuis
17. Huis Marseille
18. Amsterdam Museum
19. Leinwände auf der Museumsstraße ⚑
20. Begijnhof ⚑
21. Westerkerk ⚑
22. Anne Frank Huis ★
23. Pianola Museum
24. Fons Welters Gallery
25. Torch Gallery
26. Woonbootmuseum
27. Magere Brug
28. Hermitage Amsterdam ★
29. Hortus
30. Micropia ⚑
31. Joods cultureel kwartier (Jüdisches kulturelles Viertel)
32. Hollandsche Schouwburg
33. Portugese Synagoge ⚑
34. Joods Historisch Museum (Jüdisches Historisches Museum)
35. Tassenmuseum Amsterdam (Taschenmuseum)
36. Rembrandthuis
37. Nemo Science Center

ESSEN UND TRINKEN

1. Toscanini
2. Grand Café 1e Klas
3. A-Fusion
4. D'Vijff Vlieghen
5. Café de Jaren
6. Café Americain

EINKAUFEN

7. Puccini Bomboni
8. Droog Design
9. Wijs & Zonen
10. Jacob Hooy
11. Gassan
12. P.G.C. Hajenius
13. American Book Center
14. Athenaeum
15. Keksladen Van Stapele ⚑
16. Smaak
17. Papabubble
18. Frozen Fountain

ABENDGESTALTUNG

19. Boom Chicago
20. The Movies
21. Café Heuvel

Das Mahnmal auf dem Dam gedenkt der Opfer der Besatzung durch die Nazis und ist Monument der Befreiung und des Friedens.

Sehenswertes

MERIAN TOP 10

1 **DAM** E3

Mitte des 12. Jh. wurde in der Amstel ein Damm aufgeschüttet, und dem hat die Stadt auch ihren Namen zu verdanken. Der zentrale Platz an dieser Stelle heißt seit Jahrhunderten ganz einfach Dam. Er ist nicht nur ein beliebter Treffpunkt der Amsterdamer für einen Stadtbummel – unter anderem wegen des Traditionskaufhauses **De Bijenkorf.** Der Dam ist auch ein nationales Zentrum, allein schon durch die für das Land bedeutsamen historischen Gebäude. Im **Königlichen Palast** etwa werden die großen Feste der königlichen Familie gefeiert. In der daneben liegenden **Nieuwe Kerk** (Neue Kirche) legen die Monarchen traditionell ihren Amtseid ab, und dort heiratete König Willem-Alexander 2002 auch die Argentinierin Máxima. Aber der Dam ist auch der Ort für das nationale Gedenken an die Opfer des Zweiten Weltkriegs und der Militäreinsätze. Jedes Jahr am 4. Mai legen unter anderen das Königspaar und Vertreter der Regierung Kränze am 22 m hohen Nationalmonument für die Opfer der Kriege nieder. Und Punkt 20 Uhr wird der Dam still. Dann gedenkt das ganze Land wie auch Tausende Besucher auf dem Platz der Opfer mit zwei eindrucksvollen Schweigeminuten.

Tram: Dam

❷ NIEUWE KERK E2

Neu ist diese berühmteste Kirche der Stadt sicher nicht, sie stammt nämlich aus dem Ende des 14. Jh. Aber sie ist eben etwas neuer als die Alte Kirche. An der Stelle des ursprünglichen Hochaltars, der nach der Reformation mit anderen römisch-katholischen Symbolen entfernt worden war, befindet sich das prachtvolle Grabmal einer der schillerndsten Seehelden der Niederlande aus dem 17. Jh.: Graf Michiel de Ruyter. Er war 1676 in einer Seeschlacht bei Stromboli gefallen. Der berühmte Flottenadmiral bekam eines der größten Begräbnisse, die Amsterdam jemals erlebt hatte. Würdenträger von Staat, Königshaus, Militär, Marine und Handel gingen hinter dem von Pferden gezogenen, reich verzierten Wagen mit dem Sarg. Über vier Stunden lang dauerte der Umzug, bis er endlich die Kirche erreicht hatte. Während der Sarg in die Gruft getragen wurde, feuerten die Schiffe im nahe gelegenen Hafen Salut-Schüsse ab. Übrigens: Die Kirche hat keinen hohen Turm. Baupläne waren im 17. Jh. auf Eis gelegt worden, die Stadt hatte kein Geld. Heute wird die Neue Kirche vor allem als **Ausstellungsraum** genutzt und ist die **Krönungskirche** der niederländischen Monarchen. Zuletzt wurde hier im April 2013 König Willem-Alexander inthronisiert.

Dam 12 | Tram: Dam | www.nieuwekerk.nl | tgl. 10–17 Uhr | Eintritt 18 €

❸ KONINKLIJK PALEIS (KÖNIGLICHER PALAST) E3

Als die Stadtväter 1648 auf dem Dam mit dem Bau des Rathauses begannen, sprach man von nichts weniger als dem Achten Weltwunder. Wirklich bescheiden waren die Amsterdamer eben schon damals nicht. Majestätisch beherrschte der weiße

klassizistische Bürgerpalast über Jahrhunderte lang die Skyline der Stadt, wie man auf historischen Gemälden sieht. Mit diesem Bauwerk zeigten die selbstbewussten Kaufleute auch gegenüber adligen oder kirchlichen Machtansprüchen, wer im Land das Sagen hatte. Doch als Napoleon Bonaparte 1806 das Land besetzte und seinen Bruder Lodewijk zum König machte, war es getan mit den stolzen Amsterdamern. Lodewijk machte aus dem Rathaus seinen Palast und aus Amsterdam die Hauptstadt seines Reiches. Seither ist der Stolz der Bürger königliche Residenz. 1935 verkaufte die Stadt das Gebäude auch noch aus Geldnot an den Staat. Das ist den Amsterdamern heute noch ein Dorn im Auge. Die meiste Zeit des Jahres nämlich steht das imposante Gebäude leer. Nur ab und zu kommt der König, um dort eine Party zu feiern.

Nieuwezijds Voorburgwal 147 | Tram: Dam | www.paleisamsterdam.nl | tgl. 10–17 Uhr | Eintritt 10 €

IM VORBEIGEHEN ENTDECKT

④ BÖRSENPASSAGE E2

An der hektischen Straße Damrak vom Hauptbahnhof zum Dam liegt gleich gegenüber der alten Börse versteckt eine kleine Passage. Sie führt zu der dahinter gelegenen Einkaufsstraße Nieuwedijk. Zehntausende kleine funkelnde **Mosaiksteine** an den gewölbten Decken schaffen in dem fast 50 m langen Durchgang eine märchenhafte Stimmung. Die »Amsterdamer Ursuppe« nannte das Künstlerduo Arno Coenen und Iris Roskam ihr Werk, das in Zusammenarbeit mit Hans van Bentem entstand. Mit einer Gesamtoberfläche von 450 qm kann man ruhig vom größten Kunstwerk der Stadt sprechen. Das Mosaik, die schimmernden, mit Gold verzierten Wandkacheln und der Terrazzoboden sollen das Typische der Stadt widerspiegeln: das Wasser natürlich. So gibt es einen Brunnen mit echtem Grachtenwasser, das man kaufen und trinken kann. Aber auch Pommes und Klompen sind zu sehen. Und natürlich Fahrräder. Aus ihnen wurden Kronleuchter gemacht.

Beurspassage 8 | Tram: Dam

⑤ NIEUWMARKT F3

Die mittelalterliche **Stadtwaage** dominiert den großen Platz im ältesten Teil der Stadt. Hier lag früher auch der Hafen, und der trutzige Turm gehörte zum Portal der Stadtmauer. Doch die hatte durch die Stadterweiterung 1614 ihre Funktion verloren. Der Platz wurde zum Markt und das Tor zur Waage. Die Gilden der Maurer, Maler, Schmiede und der Chirurgen hatten im ersten Obergeschoss jeweils einen Vereinigungsraum. 1632 gab der damals angesehene Mediziner Dr. Nicolaes Tulp hier jungen Chirurgen Anatomieunterricht am Leichnam eines Hingerichteten. Als der junge Maler Rembrandt, gerade mal 25 Jahre alt, den Auftrag für ein Gruppenporträt der Chirurgen bekam, malte er sie in Aktion bei der Obduktion des Leichnams. Mit dem atemberaubend realistischen Gemälde »Die Anatomie des Dr. Tulp« bewies der junge Maler sein großes Talent für Gruppenporträts.

Metro: Nieuwmarkt

⑥ MONTELBAANSTOREN F3

Der Turm gehörte ursprünglich im 16. Jh. zur alten **Verteidigungsanlage.** Er wurde nach dem spanischen Herzog Alba, dem wegen seiner Schreckensherrschaft berüchtigten Statthalter des spanischen Königs, benannt. Der verhasste Alba wollte an dieser Stelle ein Schloss bauen, und das sollte Monte Albano heißen. Noch bevor es dazu kommen sollte, wurde der Turm Monte-Albaens-Turm genannt, was im Volksmund schnell zu Montelbaansturm verkürzt wurde.

Oudeschans 2 | Metro: Nieuwmarkt

⑦ OUDE KERK F2

Die Alte Kirche etwa von 1300 ist das älteste erhaltende Gebäude der Stadt. Sie war nie einfach nur ein Gotteshaus – Fischer etwa reparierten dort ihre Netze und Segel. Amsterdamer nennen sie ihr Wohnzimmer. Für Generationen von Bürgern war sie der Mittelpunkt ihres und des städtischen Lebens. Auch das Leben **Rembrandts** war eng verbunden mit dieser Kirche. Im Spiegelsaal bestellte er mit seiner Geliebten

Die Oude Kerk. In dem Gotteshaus im Rotlichtviertel werden nicht nur Messen gefeiert. Die Kirche ist auch ein Ort für Konzerte und Ausstellungen.

Saskia van Uilenburgh (1612–1642) das Aufgebot, hier wurden auch ihre beiden Söhne getauft. Und schließlich musste Rembrandt seine große Liebe und Muse Saskia in dieser Kirche auch begraben. Jedes Jahr am 9. März kommen Amsterdamer an ihrem Grab zusammen, wenn morgens um Punkt 8.39 Uhr ein Sonnenstrahl auf den Grabstein fällt.

Oudekerksplein 23 | Tram: Dam, Nieuwezijds Kolk | www.oudekerk.nl | Mo–Sa 10–18, So 13–17.30 Uhr | Eintritt 12 €

MERIAN TOP 10

8 DE WALLEN F2/3

Das Viertel rund um die mittelalterlichen Stadtwälle – auch kurz und liebevoll die Walletjes genannt – ist berühmt-berüchtigt: Rund um den Zeedijk sieht man nämlich vor allem Rot. Es ist die Farbe der chinesischen Läden, Restaurants und Tempel in **Chinatown.** Aber im ältesten Viertel der Stadt sind auch die Schaufenster rot erleuchtet, in denen Prostituierte ihre Dienste anbieten. Und das in aller Offenheit. Den Kirchen und calvinistischen Stadtvätern war das verhasst. Und offiziell war Pros-

Frühmorgens bei Sonnenaufgang kann man an den Grachten noch nahezu allein unterwegs sein. Um diese Zeit ist Amsterdam ein Postkartenidyll.

titution auch verboten. Auf der anderen Seite waren die Stadtväter klug genug, nicht radikal dagegen vorzugehen. Gerade in
der Nähe des Hafens war ein Freiraum notwendig. Und
schließlich waren nicht nur Seeleute Kunden der Bordelle,
Spielhallen und Jenever-Schenken. Prostitution wurde geduldet – genau wie später auch der Verkauf von soft drugs wie
Hasch in den Coffeeshops. Das Bordellverbot wurde erst 2000
offiziell aufgehoben. Seither müssen Prostituierte sich als Un-
ternehmerinnen anmelden. Theoretisch. Denn trotz aller An-
strengungen der Stadt bleiben organisierte Kriminalität und
Frauenhandel ein großes Problem. Doch die Zukunft der Wallen wird vom **Massentourismus** bedroht. Das Gedränge in
den schmalen Gassen, lärmigen Bars und Coffeeshops ist so
groß, dass nachts bereits Wege abgesperrt werden müssen. Die
Stadt hat nun Führungen verboten. Das Gejohle vor den Fenstern sei menschenverachtend, so die Stadt. Nun wird sogar er-
wogen, die Gardinen der weltberühmten Fenster zumindest
hier auf den Wallen für immer zu schließen.

Metro, Tram: Centraal Station, Nieuwmarkt

SCHREIERSTOREN F2

Fast 600 Jahre alt ist der einzige noch erhaltene **Verteidigungs-turm** der Stadt. Kaum vorstellbar, dass hier früher das Meer begann. Nicht weit vom Turm entfernt hatte sich der Italiener Leonardo Giovanni Harri 1730 mit seiner Werkstatt für Kompasse, Sextanten und andere feine Instrumente für die Seefahrt niedergelassen. Das Unternehmen gibt es noch immer, nun im ersten Stock des Turmes. Heute allerdings geht es vorwiegend um Seekarten und Bücher für die Schifffahrt und für Hobbysegler. Aber die Firma L. J. Harri bietet auch eine ganz besondere, einzigartige Dienstleistung. Hier werden die offiziellen Seekarten für Berufs- und Sportseefahrt ständig aktualisiert. Jede Veränderung der Fahrrouten wird eingezeichnet, und sei sie noch so klein. Und zwar mit der Hand. Bei jeder neuen Boje oder Pipeline eine ganze Karte neu zu drucken wäre viel zu aufwendig. Natürlich gibt es heutzutage auch eine elektronische Version, die die Kapitäne auf hoher See über Satellitenverbindung einsehen können. Nur: Die internationalen maritimen Regeln schreiben vor, dass Papierkarten an Bord Pflicht sind. Denn so eine Satellitenverbindung kann ja auch einmal ausfallen.

Prins-Hendrikkade 94 | Metro, Tram: Nieuwmarkt

MERIAN TOP 10

GRACHTEN E2

Singel-, Prinsen-, Heren- und Keizersgracht sind die Hauptgrachten, die sich wie ein Gürtel um das Zentrum winden. Dazwischen bilden kleinere Grachten ein sehr romantisches Netz von Wasserstraßen. Der Grachtengürtel gehört zum **Weltkulturerbe** der UNESCO. Dabei waren diese Kanäle eigentlich nur die Lösung eines lästigen Problems. Amsterdam wurde auf sehr morastigem Boden gebaut. Um hier überhaupt der großen Zahl von Bürgern Platz zu verschaffen, mussten große Gebiete zunächst entwässert werden – die Kanäle. Die ausgebaggerte Erde konnte man zugleich als Baugrund nutzen und etwa die Wälle damit aufwerfen. Der Grachtengürtel von heute ent-

Geheime Gärten an den Grachten

Beim Flanieren an den lauschigen Grachten kann man ab und zu einen Blick in die alten stattlichen **Kaufmannshäuser** werfen. Man sieht reich mit Stuck verzierte Decken, Wandgemälde, Kronleuchter. Doch was sich hinter den Häusern verbirgt, sieht kaum einer.

Reiche Kaufmannsfamilien am Grachtengürtel hatten in der Vergangenheit die Gärten vor allem als Vergnügen für das Auge angelegt. Denn im Sommer verließ man sowieso die stickige Stadt und begab sich ins eigene Landhaus. Aber in der übrigen Zeit, auch im Winter, sollte der Garten, aus den Fenstern der Salons auf der Beletage betrachtet, eine Pracht sein. Beete waren in Ornamenten je nach Mode der Zeit angelegt, Hecken kunstvoll geschnitten, und dazwischen wurden viele Kunstwerke aufgestellt.

Bis heute sind die Gärten hinter den eleganten Fassaden ein gut gehütetes Geheimnis. Nur einmal im Jahr, im Juni, öffnen einige Familien die Türen ihrer Häuser und lassen ihre Besucher mit genießen. Manchmal muss man dafür erst durch die Küche laufen, bekommt noch eine Tasse Tee und ein paar Kekse, und dann steht man in einer prachtvollen Idylle mit hohen, alten Bäumen, kunstvoll angelegten Rabatten oder wilden Blumenbeeten. Einige Bewohner laden sogar zum Konzert ein. Die Gartenhäuschen werden zur Bühne – na ja, Häuschen ist leicht untertrieben. Sie sind oft größer als so manches Einfamilienhaus.

Doch auch wer die **Tage der offenen Gärten** verpasst hat, muss auf das Vergnügen nicht verzichten. Denn einige lauschige Plätzchen sind das ganze Jahr über für Besucher geöffnet.

Zum Beispiel bei den Museen Haus Marseille oder Museum Willet-Holthuysen. Eine sehr elegante Oase ist auch der Ziergarten hinter dem bezaubernden Palais des heutigen Handtaschenmuseums. Er ist im historischen Stil des 17. Jahrhunderts angelegt worden.

Der Garten des Museums Van Loon steht, zusammen mit dem Gartenhaus, unter Denkmalschutz. Er wurde in den 1970er-Jahren angelegt.

Ebenfalls ein Juwel ist der Garten des Museum Van Loon, ein prächtiges Wohnhaus aus dem Jahr 1672. Der erste Bewohner war übrigens der Maler Ferdinand Bol, ein Schüler Rembrandts. Beim Schlendern durch den exquisiten Garten mit dem historischen Kutschhaus fühlt man sich zurückversetzt in das Goldene Zeitalter.

Einer der historischen Lieblingsgärten der Amsterdamer liegt übrigens nicht an den Grachten, sondern in der Plantage. Das Viertel war einst als Lustgarten fürs Volk angelegt worden. Dort findet sich der **Hortus Botanicus** aus dem Jahr 1683, einer der ältesten botanischen Gärten der Welt. Im 17. Jahrhundert hatten die Kaufleute von ihren Handelsreisen in alle Welt auch viele exotische Pflanzen und Saatgut mit nach Hause gebracht, und die wurden hier in den wundervollen Gewächshäusern gezüchtet und gesät. Etwa Kaffee: Pflänzchen kamen 1706 in den Hortus, und später wurden Nachkömmlinge nach Südamerika gebracht – die Basis aller großen Kaffeeplantagen.

stand ab 1613, es war die erste große **Stadterweiterung.** Natürlich wurden die Grachten auch als Verkehrswege genutzt –
aber schon immer auch für Sport, Spiel und Freizeit. Eines der
größten Vergnügen der Amsterdamer ist es, auf den zugefrore-
nen Grachten Schlittschuh zu laufen. In besonders strengen
Wintern, wenn es mindestens vier Nächte hintereinander stark
gefroren hat, werden einige Grachten offiziell für den Schiffs-
verkehr gesperrt, sodass sich schneller eine Eisdecke bilden
kann. Leider ist Schlittschuhlaufen auf den Grachten im Zuge
des Klimawandels nur noch selten möglich. Zuletzt war es
2018 so weit.

Am (zweit)schönsten ist es übrigens, ganz früh am Morgen
an den Grachten entlangzuschlendern, wenn einem nur ab
und zu höchstens einmal ein Fahrrad entgegenkommt und die
aufgehende Sonne sich im Wasser spiegelt.

Bus, Tram: Westermarkt, Dam

◉ IM VORBEIGEHEN ENTDECKT

⑪ MUSEUM BEI DER ROLLTREPPE E3

Vielleicht ist es das verrückteste Museum der Stadt: Zwischen
den Rolltreppen der **Metrostation Rokin** sind in wunderbar
eleganten Vitrinen Objekte ausgestellt, die Archäologen beim
Bau der Metro gefunden hatten. Vom verlorenen Portemon-
naie, Brillen, Gebissen, Speeren und Tontöpfen, Handys und
römischen Münzen bis zu Beilen aus der Steinzeit. 10 000 Objekte sind zu sehen, nach Themen angeordnet wie Rauchen
oder Gebrauchsgegenstände. Die zweieinhalb Minuten, die
man auf der Rolltreppe nach oben oder unten fahren muss,
vergehen wie im Flug.

Metro: Rokin

⑫ BIJBELS MUSEUM (BIBLISCHES MUSEUM) E3

In einem der schönsten Häuser an der Herengracht wird die
Geschichte der Bibel lebendig. Objekte aus dem alten Ägypten,
das Modell des **Tempelberges** in Jerusalem und religiöse Ob-

jekte aus christlicher und jüdischer Tradition gehören zu der einzigartigen Sammlung.

Herengracht 368 | Tram: Spui | www.bijbelsmusem.nl | tgl. 10–17 Uhr | Eintritt 12,50 €

⑬ JORDAAN D/E2

Viel besungen ist das sogenannte Kleine-Leute-Viertel. Mit seinen engen Gassen, Vorgärtchen und hutzeligen Häuschen ist es fast schon eine Stadt für sich. Der Zusammenhalt der Jordanezen ist legendär. Die Leute sind bekannt für ihre freche Schnauze, den platten Humor und ihr großes Herz. Aber das Elend der Familien in den kleinen feuchten Wohnungen war groß. In den 1970er-Jahren sollten die Häuser sogar zum großen Teil abgerissen werden. Das geschah zum Glück nicht – das Viertel wurde saniert. Doch die meisten ursprünglichen Bewohner zogen damals in Neubauviertel in Purmerend oder der neuen, aus dem Wasser gewonnenen Stadt Almere und blieben dort. Es heißt daher auch spöttisch, dass man echte Amsterdamer nur noch in Purmerend oder Almere findet. Heute ist das Viertel sehr trendy, auch wegen der vielen kleinen schicken Boutiquen, Bars und Galerien. Trotzdem ist der Jordaan der Kern von **Ur-Amsterdam** geblieben. Und in den Kneipen singt man noch immer die heimliche Hymne: »Bij ons in de Jordaan«: bei uns im Jordaan.

Bus, Tram: Marnixplein

⑭ FRÜHSTÜCK AM NOORDERMARKT E2

Am Samstag ist Markt rund um die alte Noorderkerk im Jordaan. Dann gibt's **Bioprodukte** und traditionell auch den *lapjes markt,* auf dem man Stoffe kaufen kann. Das Gewusel ist ein Erlebnis. Den *kopje koffie* trinkt man dann beim Café Winkel 43. Der Apfelkuchen ist legendär.

Tram: Marnixstraat/Noordermarkt | www.winkel43.nl

Noch heute leben in den Häusern des Begijnhof ausschließlich Frauen, auch wenn die letzte der frommen Beginen schon 1971 verstarb.

⓯ FOAM E4

Ein Mekka für Fotoliebhaber. Das Foam zeigt nicht nur geniale Werke berühmter Fotografen, sondern auch die von jungen **Talenten.** Sie treffen sich hier auch zum Austausch.

Keizersgracht 609 | Tram: Keizersgracht | www.foam.org | Sa–Mi 10–18, Do, Fr 10–21 Uhr | Eintritt 15 €

⓰ HET GRACHTENHUIS E3

Banker, Regenten und Fürsten gingen früher in den Gemächern an der Herengracht ein und aus. Im Grachtenhuis sieht man, wie die reichen **Kaufleute** wohnten. Und das ging gar nicht so calvinistisch bescheiden zu, wie man von außen meint.

Herengracht 386 | Tram: Koningsplein | www.hetgrachtenhuis.nl | Di–So 10–17 Uhr | Eintritt 15 €

⓱ HUIS MARSEILLE E3

Das erste Fotografiemuseum von Amsterdam ist spezialisiert auf das Werk **zeitgenössischer Fotografen.** Schwerpunkte sind die Niederlande, Japan und Südafrika. Das stilvolle Haus aus dem 17. Jh. bildet dafür einen wunderschönen Rahmen.

Keizersgracht 401 | Tram: Keizersgracht | www.huismarseille.nl | Di–So 11–18 Uhr | Eintritt 9 €

⑱ AMSTERDAM MUSEUM E3

Die erste Adresse für alle, die mehr über Amsterdam wissen wollen. Von A wie Ajax über H wie Hasch und Huren, K wie Kaufleute und Kirchen bis Z wie Zeevaart. Witzig und spannend aufbereitet. Tipp: Im **Kleinen Waisenhaus** sehen, fühlen und riechen nicht nur die Kleinen, wie man im 17. Jh. lebte. Das Museum zeigt auch, dass das Goldene Jahrhundert, wie das 17. Jh. genannt wird, für die allermeisten Amsterdamer gar nicht so golden war.

Kalverstraat 92/Sint Luciënsteeg 27 | Tram: Spui/Rokin | www.amsterdam museum.nl | tgl. 10–17 Uhr | Eintritt 15 €

MERIAN EMPFEHLUNG

⑲ LEINWÄNDE AUF DER MUSEUMS-STRASSE E3

Die kleine überdachte Gasse, die von der Kalverstraat zum Amsterdam Museum führt, ist eine der wenigen frei zugänglichen Museumsstraßen der Welt. Hier posieren die wohlhabenden Bürger der Stadt auf übergroßen Leinwänden. Übrigens haben moderne Künstler und Fotografen ganz moderne **Gruppenporträts** geschaffen. Und am Ende der Gasse nickt der Riese Goliath aus dem 17. Jh. wohlwollend.

Kalverstraat 92 | Tram: Spui/Rokin

MERIAN EMPFEHLUNG

⑳ BEGIJNHOF E3

Mitten in der Innenstadt gibt es diese kleine Insel. Das *hofje* mit Rosengärtchen ist etwa 700 Jahre alt. In den Häuschen rund um den Innenhof wohnten früher unverheiratete Frauen, die ein religiöses Leben führen wollten, ohne Nonne zu werden. Und in so einem *hofje* konnten sie das. Abends wird das Tor abgeschlossen. Die **Konzerte** in der Kirche im Begijnhof sind zauberhaft.

Begijnhof | Tram: Rokin, Leidsestraat, Munt | begijnhofkapelamsterdam. nl | tgl. 9–17 Uhr

MERIAN EMPFEHLUNG

㉑ WESTERKERK D2

Die wunderschöne, im Renaissancestil erbaute Kirche aus dem Jahre 1638 ist für viele Amsterdamer das Wahrzeichen der Stadt. In dieser Kirche wurde 1669 auch Rembrandt begraben. Doch das Grab gibt es nicht mehr, denn der Maler war zum Zeitpunkt seines Todes so arm, dass er nur in einem Mietgrab beigesetzt werden konnte. Berühmt über die Landesgrenzen hinaus sind die **Konzerte,** die der Glockenspieler Boudewijn Zwart jeden Dienstag gibt. Und das erlebt man am besten, wenn man an der Gracht sitzt und die Beine baumeln lässt.

Prinsengracht 279 | Tram: Westermarkt | www.westerkerk.nl

★ **MERIAN TOP 10**

㉒ ANNE FRANK HUIS D2

Im Hinterhaus an der Prinsengracht führt eine steile Stiege nach oben, verborgen hinter einem drehbaren Bücherschrank. Oben in den engen Kämmerchen wird jeder still. Hier hatte Anne Frank sich bis 1944 vor den Deutschen versteckt und schrieb ihr weltberühmtes **Tagebuch.** Die Untergetauchten wurden verraten und am 4. August 1944 entdeckt. Anne, ihre Familie und die anderen wurden deportiert. Ihre Helfer fanden oben im Versteck aber noch Annes Tagebuch. Die Freundin der Familie, Mies Giep, übergab es nach dem Krieg Annes Vater Otto, der als Einziger überlebt hatte.

Prinsengracht 267 | Tram: Westermarkt | www.annefrank.org | April–Okt. tgl. 9–22, Nov.–März tgl. 9–19, (Sa bis 22 Uhr) | Eintritt 10,50 € (Online-Reservierung erforderlich!)

㉓ PIANOLA MUSEUM D2

Musik aus Uromas Zeiten. Mitten im Jordaan steht eines der kleinsten Museen. Man sieht und hört die über 100 Jahre alten, **selbst spielenden Instrumente** und erfährt, wie sie funktionieren. Sonntags gibt es um 12 Uhr immer ein *koffieconcert.*

Westerstraat 106 | Tram: Marnixplein | www.pianola.nl | Fr–Sa 13–16, So 14–17 Uhr | Eintritt 9 €

Besucher vor dem Anne Frank Huis an der Prinsengracht. Hier versteckte sich das jüdische Mädchen vor den Nazis und schrieb ihr weltberühmtes Tagebuch.

㉔ FONS WELTERS GALLERY D2

Mitten im Jordaan in einem überraschend modernen Ausstellungsraum zeigt Fons Welters **avantgardistische** Gemälde, Skulpturen und Multimediainstallationen sowie überraschende Werke vor allem junger Talente.

Bloemstraat 140 | Tram: Rozengracht | Tel. 4 23 30 46 | www.fonswelters. nl | Di–Sa 13–18 Uhr oder nach Vereinbarung

㉕ TORCH GALLERY D2

Die Torch Gallery zeigt gern Grenzen auf. Sie will niederländische Künstler von morgen fördern und war bereits für zahlreiche von ihnen ein **Sprungbrett.** Und das ist auch Programm. Zugleich aber werden auch vielversprechende internationale Künstler nach Amsterdam gebracht. Schwerpunkte sind u. a. Fotografie, Video- und Digital-Art.

Lauriergracht 94 | Tram: Elandsgracht | Tel. 6 26 02 84 | www.torchgallery.com | Do–Sa 12–18 Uhr

Amsterdam hat nicht nur die Grachten. Für einen schönen Spaziergang am Wasser gibt es auch die Amstel, wie hier an der Magere Brug.

26 WOONBOOTMUSEUM D3

Amsterdamer fahren nicht nur Bötchen, sondern wohnen auch darauf. Fragt sich nur wie. Das kann man erleben auf der 100-jährigen »**Hendrika Maria**«, einem ehemaligen Frachtschiff. Und beim *kopje koffie* kann man durchs Bullauge auf die Enten und vorbeifahrende Bötchen schauen.

Prinsengracht 296 K | Tram: Elandsgracht | www.houseboatmuseum.nl | Juli, Aug. tgl. 10–17, Sept.–Juni Di–So 10–17 Uhr | Eintritt 4,50 €

27 MAGERE BRUG F4

Die Holzbrücke über die **Amstel** wurde seit dem 17. Jh. mehrfach erneuert. Sie heißt mager, weil sie früher so schmal war, dass nur Fußgänger sie überqueren konnten – im Gänsemarsch. Besonders zauberhaft ist sie abends, wenn die kleinen Lichter strahlen und das Wasser funkelt.

Bus, Tram: Keizersgracht (Utrechtsestraat), Prinsengracht (Utrechtsestraat)

MERIAN TOP 10

28 HERMITAGE AMSTERDAM F4

Ein Hauch von Russland an der Amstel. Der reiche Kaufmann Baent Helleman hatte 1680 sein Vermögen der Amsterdamer Diakonie hinterlassen, und die baute ein Heim für »alte Beeren« *(oude besjes),* wie man alte Frauen wenig respektvoll nannte. Das Alte-Frauen-Haus hatte einen 102 m breiten, sehr straffen, calvinistisch strengen Vorgiebel und Platz für 400 Frauen. Seit 2009 ist das ehemalige Wohnstift die einzige Dependance der berühmten Eremitage aus St. Petersburg. Berühmte Werke und Schätze der Zaren werden hier gezeigt. Der **Innenhof** ist übrigens für gestresste Touristen eine wunderbare Oase.

Amstel 51 | Tram: Waterlooplein | www.hermitage.nl | tgl. 10–17 Uhr | Eintritt 18 €

29 HORTUS F3

Im Viertel Plantage, dem einstigen Lustgarten der reichen Kaufleute, liegt einer der ältesten botanischen Gärten der Welt (→ S. 91). Seit 375 Jahren blühen im Hortus **Palmen und Orchideen.** Eine kleine und sehr beliebte Idylle.

Plantage Middenlaan 2A | Tram: Mr. Visserplein | www.dehortus.nl | tgl. 10–17 Uhr | Eintritt 9,75 €

MERIAN EMPFEHLUNG

30 MICROPIA G3

Kleine Frage: Wie viele Mikroben tauscht man beim Küssen aus? Eine Million. Ekelhaft? Keine Spur. Micropia zeigt und erklärt die ältesten und kleinsten Lebewesen der Welt. Und das ist mehr als aufregend. Übrigens ist der besondere Zoo eine äußerst elegante graue Box auf einem Gebäude des über 140 Jahre alten **Zoos Artis.** Dort werden die sonst fürs menschliche Auge nicht sichtbaren Bakterien, Schimmelpilze, Algen oder andere Einzeller sichtbar gemacht. Ein Erlebnis.

Plantage Kerklaan 38–40 | Tram: Plantage Middenlaan | Tel. 5 23 36 70 | www.micropia.nl | So–Mi 9–18, Do–Sa 9–20 Uhr | Eintritt 16 €

③① JOODS CULTUREEL KWARTIER (JÜDISCHES KULTURELLES VIERTEL) F3

Im alten Judenviertel haben sich die kulturellen Institutionen zusammengeschlossen, um die Jahrhundertealte Geschichte und Kultur der Juden in den Niederlanden zu erzählen. Dazu gehören etwa die portugiesische **Synagoge,** das jüdisch-historische **Museum** und die **Hollandsche Schouwburg.**

Tram, Metro: Waterlooplein | www.jck.nl | Eintritt 17 Euro für alle Einrichtungen

③② HOLLANDSCHE SCHOUWBURG G3

Schönheit und Schrecken liegen hier dicht beieinander. In dem einst glanzvollen Theater mussten sich die Amsterdamer Juden im Zweiten Weltkrieg zur **Deportation** versammeln. Dieses dunkle Kapitel der Geschichte wird heute in diesem Museum erzählt.

Plantage Middenlaan 24 | Tram: Artis | www.jck.nl | März–Nov. So–Do 10–17, Fr 10–16, Dez.–Jan. So–Do 10–16, Fr 10–14 Uhr

⚑ MERIAN EMPFEHLUNG

③③ PORTUGESE SYNAGOGE F3

Vertriebene portugiesische Juden bauten 1675 diese monumentale Synagoge, damals die größte der Welt. Wie durch ein Wunder überstanden sie und ihre weltberühmte Bibliothek auch den Zweiten Weltkrieg. Nach dem Einbruch der Dunkelheit hüllen über 1000 Kerzen den Innenraum in ein magisches Licht. Besonders eindrucksvoll sind die abendlichen **Konzerte.**

Mr. Visserplein 3 | Tram: Waterlooplein/Mr. Visserplein | www.jck.nl | März–Nov. So–Do 10–17, Fr 10–16, Dez.–Jan. So–Do 10–16, Fr 10–14 Uhr

③④ JOODS HISTORISCH MUSEUM (JÜDISCHES HISTORISCHES MUSEUM) F3

Gemälde, religiöse Objekte, Fotos, Filme und 3D-Präsentationen machen die Geschichte lebendig. Und Kinder können im

Haus der »Familie Hollander« im **Kindermuseum** mehr über das Judentum erfahren. Anfassen erlaubt.

Nieuwe Amstelstraat 1 | Tram: Waterlooplein/Mr. Visserplein | www.jck. nl | März–Nov. So–Do 10–17, Fr 10–16, Dez.–Jan. So–Do 10–16, Fr 10–14 Uhr

㉟ TASSENMUSEUM AMSTERDAM (TASCHEN-MUSEUM) E4

Nicht nur für Modefans: In den Vitrinen der feinen Villa liegen kleine seidene Beutel, elegante Umhängetaschen, mittelalterliche Brotkästen und hippe Design-Kreationen von heute. Sogar von **Madonna.** Das Privatmuseum hat die größte Taschensammlung der Welt: über 4000 Exponate aus 500 Jahren.

Herengracht 573 | Tram: Keizersgracht, Rembrandtplein | www.tassen museum.nl | tgl. 10–17 Uhr | Eintritt 13 €

㊱ REMBRANDTHUIS F3

In seiner erfolgreichsten Zeit von 1639 bis 1658 wohnte und arbeitete Rembrandt in diesem stattlichen Herrenhaus. Er und seine geliebte Frau **Saskia** standen im Zentrum der feinen Gesellschaft. Ihr Haus war Schauplatz großzügiger Partys, Diners und Empfänge. In dem mit Möbeln aus dem 17. Jh. ausgestatteten Haus fühlt man sich zurückversetzt in jene Zeit. Es ist so, als würde der Meister persönlich jeden Moment zur Tür hereinkommen.

Jodenbreestraat 4 | Tram: Waterlooplein | www.rembrandthuis.nl | tgl. 10–18 Uhr | Eintritt 14 €

㊲ NEMO SCIENCE CENTER G2

Wie der grün bemooste Bug eines Schiffswracks liegt das Wissenschafts- und Technologiemuseum im Wasser – ein Entwurf des italienischen Stararchitekten **Renzo Piano.** Auf den fünf Etagen des Nemo Science Center erleben die Besucher die faszinierende Welt der Wissenschaft und Technik. Man sieht, spürt, fühlt, hört und riecht sie.

Oosterdok 2 | Tram: Centraal Station | www.nemosciencemuseum.nl | Di–So 10–17.30 Uhr | Eintritt 17,50 €

Essen und Trinken

① *Feiner Italiener*
TOSCANINI E2

Der Italiener mit Tradition. In einem über 100 Jahre alten Packhaus schlemmen Intellektuelle und Geschäftsleute des Grachtengürtels feine toskanische Küche.

Lindengracht 75 | Bus, Tram: Willemsstraat | Tel. 6 23 28 13 | www.restauranttoscanini.nl | Mo–Sa 10–0.30 Uhr | €€€

② *Großes Kino*
GRAND CAFÉ 1E KLAS F2

Der ehemalige Wartesaal für Zugreisende der ersten Klasse im Hauptbahnhof ist eine perfekte Kulisse für Hollywoodschinken über Liebe und Abschied. Hohe holzgetäfelte Decken, Jugendstillampen und Palmen – ganz großes Kino.

Stationsplein 15 (am Gleis 2b, Hauptbahnhof) | Tram: Centraal Station | www.restaurant1eklas.nl | tgl. 9.30–23 Uhr

③ *Edel asiatisch*
A-FUSION F2

Rot-goldener China-Kitsch ist hier Fehlanzeige. In dem modernen Restaurant mitten in Chinatown wird das Beste aus Asiens Küche leicht und frisch zubereitet. Ein Häppchen schmeckt leckerer als das nächste: Sushi, knusprige Ente, Dim Sum …

Zeedijk 130 | Metro: Nieuwmarkt | Tel. 3 30 40 68 | www.a-fusion.nl | tgl. 12–23 Uhr | €€

④ *Stilvoll holländisch*
D'VIJFF VLIEGHEN E3

Seit Jahren der Klassiker für stilvolles Essen. Gleich fünf Grachtenhäuser wurden zu einem Restaurant zusammengefügt. Ein charmantes Labyrinth. Die eleganten Kammern mit den mit Gold bespannten Wänden aus dem 17. Jh. sind ein kulinarisches Museum. Wo sonst kann man unter echten Rembrandts Panna Cotta mit Feigen essen? Mick Jagger hat's auch schon getan.

Spuistraat 294–302 | Tram: Spui | Tel. 5 30 40 60 | www.vijffvlieghen.nl | tgl. 18–22 Uhr | €€€€

⑤ *Lässig und lecker*
CAFÉ DE JAREN E3

In diesem Grand Café treffen sie sich alle – Studenten und Beamte, Intellektuelle und Touristen – auf einen *koffie*

Durch die große Glasfront des Café de Jaren in einer ehemaligen Bank haben die Besucher einen schönen Blick aufs Wasser.

verkeerd, den so typischen Milchkaffee, oder zum Zeitunglesen am langen Lesetisch. In dem großen hellen Saal kann man bei leichter Jazzmusik auch essen. Feine Käsebrötchen oder eine thailändische Tom-Kha-Gai-Suppe mit Kokos und Zitronengras. Bei schönem Wetter nippen die Amsterdamer auf der lauschigen Terrasse an ihrem Weißwein und schauen auf die Gracht.

Nieuwe Doelenstraat 20–22 | Tram: Muntplein, Rokin | Tel. 6 25 57 71 | www.cafedejaren.nl | So, Mo–Do 8.30–1, Fr, Sa 8.30–2 Uhr | €€

⑥ *Stilvoll*
CAFÉ AMERICAIN D4
Der berühmte Schriftsteller Harry Mulisch war Stammgast in dem über 100 Jahre alten Café mit dem Flair der Belle Époque. Dann saß er unter hohen Decken bei gedämpftem Licht der Jugendstillampen. Und immer rief einer der Kellner: »Telefon für meneer Mulisch.« Die Legende ist, dass er sich selbst die Anrufe bestellt hat. Der Literaturstar war eben nicht ganz uneitel.

Leidsekade 97 | Tram: Overtoom, Leidseplein | www.cafeamericain. nl | tgl. 7–23.30 Uhr

Das international renommierte Designerkollektiv Droog hat sein Headquarter mit Shop, Showroom, Bibliothek und Veranstaltungsraum in der Staalstraat.

Einkaufen

⑦ *Feine Pralinen*
PUCCINI BOMBONI F3
Für die Schokoladentrüffel von Puccini macht jeder gern einen Umweg. Zum Laden gehört eine kleine Espressobar, in der man auch wunderbar sein Frühstück einnehmen kann.
Staalstraat 17 | Tram: Muntplein, Rembrandtplein | www.puccini bomboni.com | Di–Sa 9–19, So, Mo 11–19 Uhr

⑧ *Edle Klassiker*
DROOG DESIGN E3
Der Klassiker für holländisches Design. In diesem uralten Haus findet der Besucher die Produkte des weltberühmten Designerkollektivs Droog: Möbel, Lampen, Geschirr. Regelmäßig werden auch Werke von internationalen Designern ausgestellt.
Staalstraat 7A | Tram: Rembrandtplein | www.droog.com | tgl. 9–19 Uhr

⑨ *Würzige Bohnen*
WIJS & ZONEN F2
Im Kaffee- und Teehandel spürt man die alte goldene Zeit des Handels mit Gewürzen und Kaffee. Der exklusivste ist Kopi Luwak. Schmeckt nach Urwald und Schokolade.
Zeedijk 43 | Tram: Centraal Station | www.wijsenzonen.com

⑩ *Uriger Kräuterladen*
JACOB HOOY F3
Der Duft von Minze, Thymian und Zimt ist tief in die Balken und Dielen des alten Packhauses gezogen. Kein Wunder: Schon seit 1743 werden bei Jacob Hooy Kräuter für jedes Zipperlein verkauft, von der Akne bis zur Zyste. Der Verkaufstisch steht unter zwei großen ineinander verschlungenen Schlangen. Und in den Hinterzimmern werden immer noch Kräuter nach den alten Rezepten gemischt.
Kloveniersbrugwal 12 | Metro: Nieuwmarkt | www.jacob-hooy.nl | Mo 13–18, Di–Fr 10–18, Sa 10– 17 Uhr

⑪ *Feine Steinchen*
GASSAN F3
Amsterdam ist auch eine Diamantenstadt. Im früheren alten Judenviertel werden immer noch die edlen Steine geschliffen und verarbeitet.
Nieuwe Uilenburgerstraat 173– 175 | Tram: Spui | www.gassan. com | tgl. 9-17 Uhr

⑫ *Majestätisch*
P.G.C. HAJENIUS E3
Ein Tempel in reinstem Art déco ist seit über 185 Jahren der Königin der Rauchwaren geweiht: der Zigarre. Dazu passt selbstverständlich nur ein königlicher Rahmen. Die Decken sind hoch und die Wände mit kunstvollen Ornamenten bemalt. Über dem Tresen aus italienischem Marmor werfen massige Kronleuchter ein sanftes Licht auf die edle Ware und die illustre Kundschaft. Prinzen, Literaten, Geschäftsleute, aber auch Straßenmusikanten kommen, um ihre Tabakwaren einzukaufen.
Rokin 96 | Tram: Spui (Rokin) | www.hajenius.com | Di–Sa 9.30– 18, So 12–17, Mo 12–18 Uhr

⑬ *Architekturtempel*
AMERICAN BOOK CENTER E3
Wie durch ein Schneckenhaus schlendert man durch das Sortiment von englischsprachigen Büchern bis nach oben in den dritten Stock. Ein wahres Paradies für Bücherfreunde.
Spui 12 | Tram: Spui | www.abc.nl | tgl. 10–20 Uhr

⑭ *Paradies für Leser*
ATHENAEUM E3
Dieser verwinkelte Laden voller Bücher ist eine Institu

tion am Spui – dem intellektuellen Herz der Stadt. Entweder trifft man hier oder gleich nebenan in den Literaten-Cafés die berühmten Autoren.

Spui 14–16 | Tram: Spui | www.athenaeum.nl | Mo–Sa 10–19, So 11–18 Uhr

7 MERIAN EMPFEHLUNG

⑮ *Schokoladissimo*
KEKSLADEN VAN STAPELE E3

Lange Schlangen stehen fast immer vor dem charmanten Lädchen in der kleinen Gasse. Vera van Stapele backt hier den perfekten Schokoladenkeks. Und sonst nichts. Sobald sie 3000 verkauft hat, macht sie den Laden zu.

Heisteeg 4 | Tram: Munt, Leidsestraat | Tel. 7 77 93 27 | www.vanstapele.com | tgl. ab 10 Uhr

⑯ *Edles Leder*
SMAAK D3

Die erste Adresse für Taschenfans: von der Clutch bis zur IT-Bag. Da die feinen Taschen bezahlbar sind, kann man zur Not auch zwei nehmen.

Berenstraat 39 | Tram: Spui | www.smaakamsterdam.com | Di–Fr 11–18, Sa 10–18, So, Mo 13–18 Uhr

⑰ *Süß & schrill*
PAPABUBBLE E1

Das sind nicht einfach Bonbons oder Lollies. Nein, bei Papabubble machen sie die unmöglichsten und witzigsten, die buntesten und verrücktesten Süßigkeiten.

Haarlemmerdijk 70 | Tram: Haarlemmerplein | Tel. 6 26 26 62 | www.papabubble.nl | Mi 12–18, Sa 10–18 Uhr

⑱ *Hip & holländisch*
FROZEN FOUNTAIN D3

In zwei großen Häusern hat man die Qual der Wahl. Design, wohin man schaut: Möbel, Accessoires, Lampen, Stoffe. Von großen Namen wie Piet Hein Eek bis zu ganz jungen Talenten.

Prinsengracht 645 | Tram: Overtoom, Spui | www.frozenfountain.nl | Di–Sa 10–18, So 12–17, Mo 13–18 Uhr

Abendgestaltung

⑲ *Freche Comedy*
BOOM CHICAGO D3

Witz und Biss – und das schon seit über 20 Jahren. Die Comedy-Shows des Boom Chicago auf Englisch und immer zu aktuellen Themen sind Kult.

Wenn das Wetter mitspielt, ist nicht nur im, sondern auch vor dem Café Heuvel immer was los. Der Wirt hat ein paar Tische nach draußen gestellt.

Rozengracht 117 | Tram: Elandsgracht, Marnixstraat, Rozengracht | Tel. 2 17 04 00 | www.boom chicago.nl

⑳ *Nostalgisch*
THE MOVIES D1

Wunderschönes, mehr als 100 Jahre altes Jugendstilkino. Hier werden wirklich gute europäische Filme gezeigt. Vorher kann man im Restaurant sehr stilvoll indonesisch essen.

Haarlemmerdijk 161 | Tram: Frederiksplein, Haarlemmerplein | Tel. 6 38 60 16 | www.themovies. nl | Karten ab 10,50 €

㉑ *Einfach nett*
CAFÉ HEUVEL E4

Vergilbte Fotos, dumme Sprüche an der Wand. Renovierung ist hier seit vielen Jahren schon ein Fremdwort. An der Bar stehen die Stammgäste, vom Straßenfeger bis zum Bankdirektor – alle kommen her, und jeder kennt jeden. Wenn man mal einen nicht kennt, dann ist im Café Heuvel schnell dafür gesorgt, dass sich das ändert.

Prinsengracht 568 | Tram: Spiegelgracht | www.cafeheuvel.nl | Mo–Do 10–1, Fr 10–2, Sa 11–2, So 11–1 Uhr

NOORD

Einst verschrien als Viertel mit einem Haufen sozialer Probleme, ist der Norden heute der Hotspot. Zwischen dem verrosteten Eisen auf der alten NDSM-Werft blüht es. Kunst, spannende Initiativen, In-Kneipen – und das alles vor einer spektakulären Wasserkulisse.

Lang galt der Norden von Amsterdam bei vielen Hauptstädtern als das Ende der Welt. Das Wasser, das Ij hinterm Hauptbahnhof, schien unüberbrückbar. Doch heute ist das Viertel der **Booming-Stadtteil** und eine begehrte Adresse. An allen Ecken werden große und vor allem luxuriöse Apartmenthäuser gebaut. Angefangen hat alles aber mit gar nicht so wohlhabenden Alternativen. Künstler, Kreative und Medienunternehmer waren in die alten Hallen der ruhmreichen **NDSM-Werft** gezogen. Werkstätten, Ateliers, Konzerte und Theatervorstellungen lockten Besucher an. Dann entdeckten Cafés und Restaurants den besonderen Ort mit der fantastischen Aussicht auf das Wasser und die alte Stadt. Inzwischen hat diese Entwicklung auf den gesamten Uferstreifen übergegriffen. Blickfang ist das **Eye,** das Filmmuseum direkt hinter dem Hauptbahnhof – heute eine der großen Attraktionen der Stadt.

> Der Norden Amsterdams ist spannend und überraschend vielfältig. Die Entdeckung dieses Stadtteils beginnt der Besucher am besten mit einer Fahrt auf der Fähre vom Hauptbahnhof aus.

Der ehemals schlechte Ruf des Nordens reicht weit zurück in die Jahrhunderte. Bis 1795 lag dort das **Galgenfeld.** Die Verurteilten wurden nach ihrer Hinrichtung auf dem Dam in der Stadt dort zur Abschreckung aufgehängt – ein Ort des Grauens. Doch das ist nun wirklich Geschichte.

Eigentlich besteht der Stadtteil aus vielen **Dörfern,** die sich bis heute ihren eigenen Charakter bewahrt haben. Und die Landschaft, das Wasser und die großen Parks machen Amsterdam Noord zum grünsten Stadtteil. Mit dem Fahrrad ist man schnell am Ijsselmeer oder in der verwunschenen Wasserlandschaft des Polders. Das hat nun auch der Rest von Amsterdam entdeckt.

Lange war Noord als schmutziges Industriegebiet verschrien. Denn seit dem 19. Jh. hatten hier nicht nur die Schiffswerften, sondern auch die chemische Industrie, das Ölunternehmen Shell und der Flugzeugbauer Fokker gigantische Anlagen. Für die Arbeiter wurden für damalige Begriffe moderne Siedlungen errichtet. Nach dem Zweiten Weltkrieg wurden Wohnungen auch sozial schwachen Familien zugewiesen. Eigentlich sollte die **Städteplanung** ein Mittel zur sozialen Eingliederung sein. Doch das ging schief. Denn durch die Wohnungszuweisung an Arme und Ausgegrenzte konnte sich das Image des Viertels nur bestätigen: Wer in Noord wohnt, hat keine Wahl.

Als der Amsterdamer Hafen seine Bedeutung verlor, setzte der Niedergang der großen Industrie ein. Die gigantischen Anlagen, wie etwa die Werften, lagen brach. Arbeitslosigkeit, Armut und soziale Probleme beherrschten den Norden. Dann begann vor knapp 20 Jahren in den Ruinen der Industrie langsam die neue Blüte des Stadtteils. Noch immer gibt es soziale Probleme, doch das **Image** hat sich dramatisch verändert. In den alten Hallen wird nun sternemäßig gut gekocht, leckeres Bier gebraut und Avantgarde-Kunst geschaffen. Die Neubauten am Ufer gehören heute schon zu den begehrtesten und teuersten Adressen der Stadt.

Dem Norden Amsterdams gehört die Zukunft: Am Ufer entsteht gerade das **nachhaltigste Wohnviertel Europas.** Die Häuser treiben auf dem Wasser – das Viertel ist gerüstet für den Klimawandel.

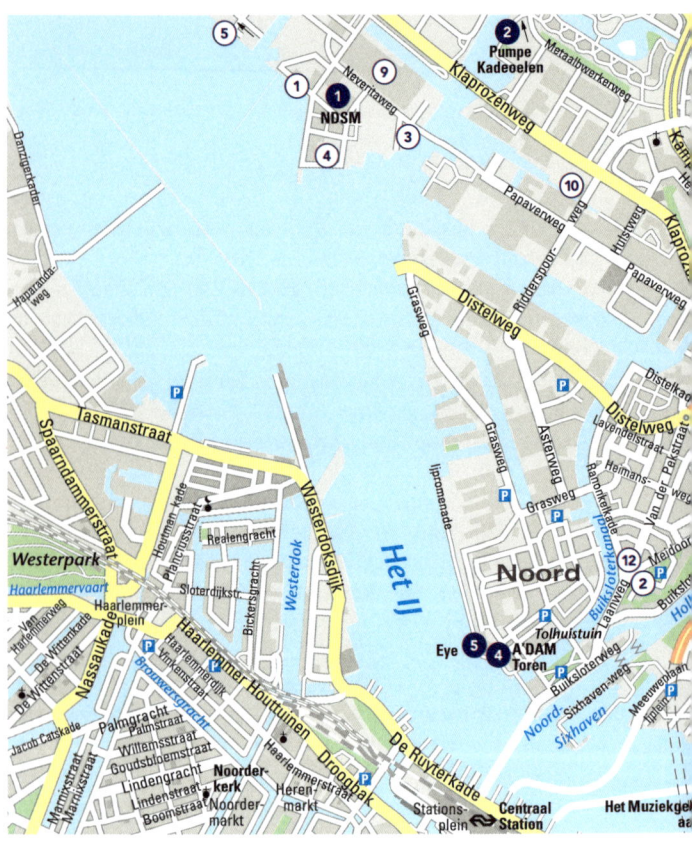

SEHENSWERTES

1 NDSM
2 Pumpe Kadoelen
3 Noorderpark
4 A'DAM Toren
5 Eye ⭐
6 Vliegenbos
7 Nieuwendammer Dijk

ESSEN UND TRINKEN

1 Pannenkoeken-boot
2 Café Modern
3 Café Noorderlicht
4 Pllek
5 Loetje aan 't IJ
6 Hotel De Goudfazant
7 Stork
8 FC Hyena

EINKAUFEN

9 IJ-Hallen
10 Neef Louis
11 pek&kleren
12 Fromagerie Abraham Kef
13 Landmarkt

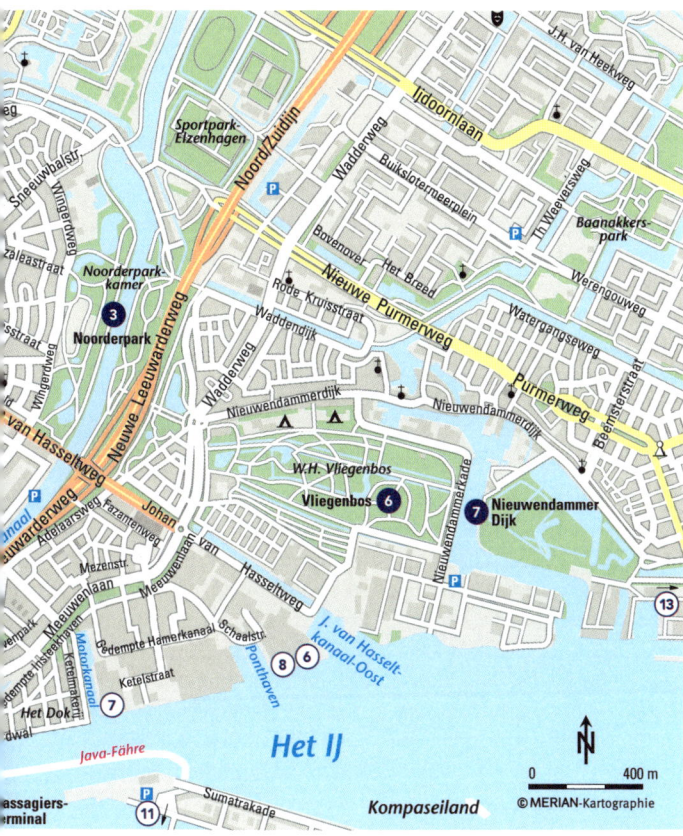

Sehenswertes

1 NDSM NÖRDL. E1

Einst liefen hier die großen Kähne vom Stapel: majestätische Passagierschiffe und sogar Öltanker. Die Werft der niederländischen Dock- und Schiffsbaugesellschaft (kurz NDSM) war einmal die größte Schiffswerft Europas. Nach 85 Jahren kam 1979 das Aus. Auf der NDSM werden keine Schiffe mehr gebaut. Heute ist hier die Heimat der Pioniere. Wer Ideen hat, Platz braucht, aber wenig Geld hat, der zieht her. Denn in dieser **Selfmade City** ist nichts straff organisiert und reglementiert. In den gigantischen Hallen findet man die Ateliers von Bildhauern und Theaterleuten, aber auch Medienfirmen, Filmstudios, hippe Unternehmen und eine tolle Indoor-Skatebahn. Überall wird an alternativen Energiequellen, neuen Medien oder schwimmenden Häusern getüftelt. Die rostigen Schiffswracks und Hallen dienen oft als Kulisse für Festivals. Vom Ufer aus hat man einen Wahnsinnsblick auf die Stadt – vor allem schön bei Sonnenuntergang.

NDSM-Plein 28 | Bus: Ataturk, Klaprozenweg, Fähre ab Centraal Station: NDSM | www.ndsm.nl

❷ PUMPE KADOELEN NÖRDL. G1

Das Industriedenkmal im Dorf Kadoelen ist eine bleibende Mahnung: Ohne Mühlen und Pumpen hätten die Amsterdamer schon längst nasse Füße bekommen, und der Norden wäre sicherlich untergegangen. Dort verlaufen noch immer die Reste des historischen Meeresdeiches (Waterlandse Zeedijk), der im Mittelalter angelegt wurde, um das Waterland – also den Norden von Amsterdam – und die Stadt selbst vor den Fluten zu schützen. Auch wenn ein Teil des alten Süd-Meeres trocken gelegt wurde, ist die Gefahr nicht gewichen. Es muss immer noch gepumpt werden. Heute geschieht das nicht mehr mit Mühlen, sondern eben mit Pumpen. Das alte **Pumpwerk** Kadoelen aus dem 19. Jh. wird heute als Konzertsaal genutzt. Gleich daneben steht die neue Pumpe in einem preisgekrönten futuristischen Bau.

Landsmeerdijk 213 | Bus: Tjalkstraat | www.concertgemaal.nl

❸ NOORDERPARK NÖRDL. G1

Die grüne Lunge des Stadtteils besteht eigentlich aus zwei Parks entlang des alten Nordholländischen Kanals. Sie entstanden nach den Idealen der Stadtplaner zu Beginn des 20. Jh. Viele Arbeiter waren aus den verslumten Wohnvierteln im Zentrum in den Norden gezogen. Sie sollten, so war die Idee der Stadtväter, hier in einer gesunden Umgebung leben. Rund um die damals modernen Gartenstädte wurden die Parks im

Ein kreativer Ort und ziemlich angesagt bei Künstlern, Medienschaffenden und innovativen Unternehmen: die alte NDSM-Werft (s. S. 111).

englischen Stil angelegt und vor einigen Jahren schließlich auch miteinander verbunden. Übrigens: Mittendrin findet man eine aus Abfällen und Trödel aufgebaute **Designbar** – für die kleine Auszeit.

Floraparkweg 1 | Bus: Waddenweg, Fähre ab Centraal Station: Buiksloterweg | www.noorderpark.nl

MERIAN EMPFEHLUNG

4 A'DAM TOREN F1

85 m hoch lugt der Turm über dem Ij. Auf seinem Dach gegenüber dem Hauptbahnhof steht auch die höchste Schaukel Europas. Das markante **Industriedenkmal** hatte der niederländische Architekt Arthur Staal 1966 als Büroturm für den Öl-Multi Shell entworfen. Er steht in einem Winkel von 45 Grad zum Ufer und heißt daher eigentlich auch Overhoeks – Übereck. Das ist übrigens auch der Name des neuen Wohnviertels, das rund um den 22 Stockwerke hohen Turm gebaut wird. Nachdem Shell diesen Standort aufgegeben hatte,

Tunnel unter dem Weltkulturerbe

1664 ließ sich Rembrandt van Rijn, so wird erzählt, von einem Bootsmann für ein paar Gulden in den Norden von Amsterdam übersetzen. Im Gepäck hatte er sein Skizzenbuch. Doch der Maler wollte nicht etwa die ländliche Idylle zeichnen. Rembrandt besuchte das **Galgenfeld**. Dort hing die Leiche von Elsje Christiaens. Das 18-jährige Dienstmädchen war zuvor am Würgpfahl erdrosselt worden, weil es seine Zimmerwirtin im Streit mit dem Beil erschlagen hatte. Rembrandt errichtete Elsje mit seiner Zeichnung ein bewegendes Monument.

Lange galt der Norden der Stadt als anrüchig, auch noch, als es das Galgenfeld längst nicht mehr gab. Aber dort war die schmutzige Schwerindustrie, die Werften, und dort wohnten oft auch die ärmsten Bürger der Stadt. In Noord wollte man nicht wohnen, so hieß es lange, dort musste man wohnen. Dabei blendeten viele völlig aus, dass nur ein paar Fahrradminuten entfernt auch die idyllischen Dörfer **Ransdorp** und **Holysloot** liegen. Und gleich hinter den einstigen sozialen Brennpunkten beginnt eine einzigartige moorastige **Wasserlandschaft.**

Inzwischen hat sich das Image komplett verändert. Das einstige Galgenfeld ist heute der **Hotspot** der Stadt. Es begann auf dem Gelände der alten NDSM-Werft. Zunächst hatten sich dort Künstler und andere Kreative angesiedelt. Kleine Restaurants folgten. Jetzt wachsen überall moderne Hochhäuser wie Pilze aus dem Boden. Ein Luxus-Jachthafen wurde angelegt. Das **Filmmuseum** gleich gegenüber dem Hauptbahnhof ist ein Eye-Catcher. Und in alten Industrieanlagen wird lecker gekocht oder Bier gebraut.

Das gesamte Nordufer zieht heute mit der atemberaubenden Kulisse der alten Stadt und den vorbeiziehenden Frachtschiffen wie ein Magnet Amsterdamer und Besucher an. Das Wasser aber bleibt ein Hindernis. Lange war es eine fast unüberwindliche Grenze. Um in den Norden zu gelangen, muss

Der neue Jachthafen, die Amsterdam Marina, gegenüber vom Hauptbahnhof in Noord – dem Stadtteil, der seit 2019 einen U-Bahn-Anschluss hat.

man das Ij überqueren, das Gewässer hinter dem Hauptbahnhof. Bis heute nehmen die meisten – wie einst Rembrandt – die Fähre. Doch seit 2019 verbindet auch eine **Metro** das einstige Stiefkind der Stadt mit dem reichen Süden: die Noord-Zuid-Lijn – die Nord-Süd-Linie. Gut 15 Jahre dauerte der Bau der nur rund neun Kilometer langen Strecke, sieben Jahre länger als geplant, und mit drei Milliarden Euro doppelt so teuer. Aber wen wundert's, denn diese U-Bahn fährt auch unter dem historischen Grachtengürtel hindurch. Das Bohren der Tunnel unter dem UNESCO-Weltkulturerbe war wegen des morastigen Bodens äußerst riskant. Man entwickelte eine Spezialtechnik, feinste Sensoren registrierten jede noch so kleine Erschütterung. Und doch ging es schief: 2008 stürzten einige historische Häuser ein.

Am Ende aber waren alle Sorgen vergessen. Die acht eleganten **Bahnhöfe,** ausgestattet mit modernen Kunstwerken, sind der Stolz der Stadt, die Station Rokin im Zentrum gar eines ihrer verrücktesten Museen. Zwischen den 45 Meter (!) langen Rolltreppen sind in Glasvitrinen rund 10 000 Objekte ausgestellt, die Archäologen während des Baus gefunden hatten – Zeugen aus Hunderten von Jahren Amsterdamer Geschichte. Wer die Rolltreppe benutzt, kann die edel präsentierte Sammlung bewundern: antike Münzen und Scherben, Kämme und Knochen – aber auch Brillen, Gebisse und Handys (→ S. 92).

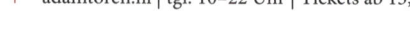

Oben auf dem A'DAM Toren (s. S. 113) haben die Besucher in rund 80 m Höhe einen einzigartigen Panoramablick über die Stadt.

zogen Musikproduzenten und einige junge Amsterdamer Kreative ein. Heute ist der A'dam mit mehreren Bars, Clubs und einem sich spektakulär drehenden Restaurant im Obergeschoss auch ein **kultureller Hotspot.** Übrigens: Wenn gewählt wird, ist hier das höchst gelegene Wahllokal der Stadt.

Overhoeksplein 1 | Fähre ab Centraal Station: Buiksloterweg | www. adamtoren.nl | tgl. 10–22 Uhr | Tickets ab 13,50 €

MERIAN TOP 10

⑤ EYE F1

Wie ein riesiges Auge späht das **Filmmuseum** über das Wasser. Seit 2012 ist das spektakuläre schneeweiße Gebäude am Nordufer des Ij (sprich Ei) die Heimat des Filmmuseums und des internationalen Filminstituts. In den Sälen laufen neue internationale Produktionen, aber auch die großen Klassiker. Das Museum besitzt einen Schatz der Filmgeschichte: die sogenannte Desmet-Sammlung, die zum UNESCO-Weltkulturerbe gehört. Jean Desmet (1875–1956) war der erste große Kinobetreiber und Filmverleiher der Niederlande, und er hatte eine umfangreiche, einzigartige Sammlung von über 900 internationalen Filmen, vor allem vom Beginn des 20. Jh. Von einigen Stummfilmen gibt es nur noch eine Kopie – und die befindet sich in dieser Sammlung. Auch das Gebäude selbst ist schon ein Erlebnis, weil es von jeder Seite aus anders aussieht. Bei schönem Wetter gibt es auf der treppenförmig angelegten Terrasse großes Kino, wenn Frachtkähne, Segelschiffe und Motorboote vorbeiziehen.

IJpromenade 1 | Fähre ab Centraal Station: Buiksloterweg | www.eyefilm. nl | So–Do 10–22, Fr, Sa 10–23 Uhr | Eintritt 11 €

❻ VLIEGENBOS NÖRDL. H1

Ein einzigartiger **Stadtwald,** der älteste Amsterdams. Die Stadt braucht freie Natur und keine Grünanlagen, hatte der Gründer Hubert Willem Vliegen vor über 100 Jahren gesagt. Zum Glück. Denn dies ist ein Wald, kein Park. Bis heute wird in weiten Teilen dieses »Walds der Arbeiter« nicht in den Kreislauf der Natur eingegriffen. Im Vliegenbos tummeln sich zwischen Eschen und Ulmen ungestört Hasen und Igel, Spechte, Bussarde, Eisvögel sowie eine Vielzahl von Schmetterlingen.

Meeuwenlaan 138 | Bus: Johan van Hasseltweg | www.vliegenbos.amsterdam

❼ NIEUWENDAMMER DIJK NÖRDL. H1

Eine kleine Oase bilden die historischen Häuschen am Nieuwendammer Deich. Das rund 500 Jahre alte Nieuwendam war lange ein selbstständiges stolzes Dorf – aber ist nun komplett von der Stadt eingeschlossen. Die **Deichhäuschen** mit den wundervollen traditionellen nordholländischen Holzgiebeln sind eine Insel im sonst vom sozialen Wohnungsbau geprägten Viertel. Auf den kaum handtuchbreiten Bürgersteigen ist immer noch Platz genug für ein Bänkchen und ein mit Stockrosen bepflanztes Beet. Früher hatten sich viele Kapitäne nach ihrer Pensionierung den Deich als Ruhesitz ausgesucht. Denn dort bot sich ihnen noch ein freier Blick aufs Ij-Gewässer. Gerade die Häuser um die Hausnummer 280 heißen daher bis heute Kapitänshimmel.

Nieuwendammerdijk | Bus: Merelstraat, Metro: Noorderpark

Essen und Trinken

① *Pfannkuchen*
PANNENKOEKEN-BOOT NÖRDL. E1

Essen, so viel man will, und dann noch auf einem Rundfahrtboot? Klingt gefährlich nach Touristenfalle. Ist aber echt witzig. Ja, es gibt Pfannkuchen – süß und herzhaft – bis zum Abwinken. Aber eben auch eine Rundfahrt durch den Amsterdamer Hafen. *Supergezellig*, wie der Amsterdamer sagt.

Ms. van Riemsdijkweg | Bus: Ataturk, Klaprozenweg, Fähre ab Centraal Station: NDSM | Tel. 6 36 88 17 | www.pannenkoekenboot. nl | Mi, Fr–So | €

② *Viel Fisch*
CAFÉ MODERN F1

In einer alten Bank wird wöchentlich ein anderes Fünf-Gänge-Menü auf den Tisch gezaubert, mediterran, leicht und mit viel Fisch. Auch viele Promis genießen das Essen und das ungezwungene Flair. Statt Kronleuchtern hängen hippe Fahrräder unter der Decke, und am früheren Bankschalter gibt's Getränke.

Meidoornweg 2 | Bus: Mosplein, Meidoornplein, Fähre ab Centraal Station: Buiksloterweg | Tel. 4 94 06 84 | www.modernamsterdam. nl | Mo–Sa 12–15, 18–1 Uhr | €€€

③ *Relaxte Romantik*
CAFÉ NOORDER-LICHT NÖRDL. D1

In dem halbrunden alten Gewächshaus wird feine Bioküche serviert (unbedingt reservieren!). Der Klassiker ist Käsefondue. Bei Noorderlicht läuft alles leicht chaotisch, aber richtig nett. Es ist daher der Treffpunkt für alle, die ebenfalls nett und unkompliziert sind. Bei schönem Wetter sitzt man auf der Terrasse oder lässt am Ufer die Füße ins Wasser baumeln. Irgendwann brennt dann ein Lagerfeuer, und es spielt jemand Gitarre. Jetzt nur nicht die letzte Fähre verpassen.

NDSM-Pier 102 | Bus: Ataturk, Klaprozenweg, Fähre ab Centraal Station: NDSM | Tel. 4 92 27 70 | www.noorderlichtcafe.nl | tgl. 11–24 Uhr | €

④ *Industrie-Design*
PLLEK NÖRDL. D1

Plek heißt auf Holländisch Ort, und vielleicht schreibt sich dieses Café-Restaurant

Der Amsterdamer liebt seinen Pfannkuchen, wie hier z. B. mit Apfel, Zimt und Zucker. Eine Pfannkuchen-Flatrate gibt es auf dem Pannenkoekenboot.

mit zwei l, weil es ein besonderer Ort ist. Auf den rohen Holzbänken und an langen Tischen sitzen die kreative Szene und Besucher der Werft. Das Café wurde komplett aus Industriematerialien gebaut, alte Schiffscontainer waren die wichtigsten Bausteine. Es entstand ein hypermoderner Ort, ausgerüstet mit dem schnellsten Internet der Stadt. Viele nutzen Pllek als flexiblen Arbeitsplatz, obwohl kaum jemand bei dieser Aussicht noch auf den Laptop schaut.

T.T. Neveritaweg 59 | Bus: Ataturk, Klaprozenweg, Fähre ab Centraal Station: NDSM | Tel. 2 90 00 20 | www.pllek.nl | So–Do 9.30–1, Fr, Sa 9.30–3 Uhr | €€

⑤ *Steak und Fritten*
LOETJE AAN 'T IJ NÖRDL. D1

Kaum war Loetje eröffnet, strömte Amsterdam dorthin. Nicht nur wegen der sensationellen Aussicht. In dem runden Pavillon fast ganz aus Glas, mit viel Holz und etwas Stahl gibt es »the best steak in town«, sagen Kenner.

Werfkade 14 | Fähre: NDSM, Bus: Ataturk, Stenendokweg, Fähre ab Centraal Station: NDSM | Tel. 2 08 80 00 | www.aantij.loetje.nl | tgl. 10–22.30 Uhr | €

⑥ *Französische Küche*
HOTEL DE GOUDFAZANT G1

Wer hier essen gehen will, braucht schon etwas Aben-

teuerlust. Aber der Weg zu der gigantischen Industriehalle lohnt sich. Lange Reihen weiß gedeckter Tische mit roten Stühlen, ein enormer Kronleuchter wirft sein Licht durch Dutzende von Milchflaschen, und dann stehen da auch noch ein paar Oldtimer in einer Ecke. Aus der offenen Küche riecht es köstlich. Es wird klassisch Französisch gekocht. Die Aussicht aufs Wasser ist phänomenal. Nur schade, dass es kein Hotel ist. Aber der Name klang einfach besser so, fanden die Eigentümer.

Aambeeldstraat 10 H | Bus: Johan van Hasselweg | Tel. 6 36 51 70 | www.hoteldegoudfazant.nl | Di–So ab 18 Uhr | €€€€

⑦ Fisch
STORK G1

In einer alten Schiffsmotorenfabrik werden feiner Fisch und Meeresfrüchte serviert, Hummer und Hering, Krebse und Krabben. Die gigantische Industriehalle ist ein Hotspot für Künstler und Kreative,

aber auch andere Amsterdamer haben das Stork entdeckt. Im Sommer ist es auf der Terrasse mit der tollen Aussicht voll, sonst kann man durch die verglaste Rückwand die Kähne vorbeigleiten sehen.

Gedempt Hamerkanaal 201 | Bus: Johan van Hasselweg, Fähre ab Centraal Station: Ijplein | Tel. 6 34 40 00 | www.restaurantstork.nl | März–Okt. tgl. 11–24, Nov.–Feb. Di–So 11–24 Uhr | €€

MERIAN EMPFEHLUNG 10

⑧ Kulinarisches Kino
FC HYENA H1

Um jedes Missverständnis auszuräumen: FC steht kurz für Filmclub. In der alten Industriehalle direkt am Ufer findet man ein superbequemes Kino mit genialen breiten Sesseln fast schon zum Hinlegen. In der großen Halle steht ein Holzofen, und auf dem wird gekocht. Mittelgroße Häppchen zum Teilen und Fingerablecken. Gerösteter Blumenkohl etwa oder Pulpo

Die ehemalige Fischhalle ist riesig, aber gemütlich. Das Stork liegt ein wenig abseits, der Weg lohnt sich jedoch schon wegen der Aussicht.

Der Flohmarkt in den IJ-Hallen ist das Mekka aller Trödelfans. Auf dem alten Industriegelände geht es an bis zu 750 Ständen auf Schnäppchenjagd.

und BBQ-Rippchen. Am allerschönsten ist es bei schönem Wetter. Dann wird die breite Kade zur Terrasse.

Aambeeldstraat 24 | Tel. 363 85 02 | www.fchyena.nl/nieuws | tgl. 18– 22 Uhr | €€

Einkaufen

⑨ *Trödel XXL*
IJ-HALLEN NÖRDL. E1
Ein Flohmarkt der Superlative: der größte und geselligste Trödel Europas auf dem am dichtesten besiedelten Stück des Kontinents, sagen die Macher. Nun, Übertreiben gehört zum Flohmarktgeschäft. Jedenfalls ist er riesig. Das Wühlen, Feilschen und Schlendern in den alten Industriehallen am Ij ist ganz

sicher einen Besuch wert. Einmal im Monat gibt es hier Ramsch, Plunder, Trödel – und wer weiß: doch noch den unentdeckten Rembrandt? Apropos Superlative: Wo in Europa kann man schon mit dem Boot kostenlos zu einem Flohmarkt fahren?

T. T. Neveritaweg 15 | Bus: Ataturk, Klaprozenweg, Fähre ab Centraal Station: NDSM | www.ijhallen.nl

⑩ *Vintage-Möbel*
NEEF LOUIS NÖRDL. E1
Stühle, Tische, Sofas, Lampen, Schränke und noch viel mehr findet man in der riesigen Fabrikhalle. Neef Louis, das heißt Cousin Louis, verkauft Vintage-Möbel und Industriedesign. Alte Stahlkisten, Sofas aus den schrillen

70ern oder auch ein Hirsch-
geweih. Liebhaber kommen
hier voll auf ihre Kosten.

Papaverweg 46 | Bus: Slijperweg |
www.neeflouis.nl | Di–Sa 10–
18 Uhr

(11) *Klamotten & Schönes*
PEK&KLEREN NÖRDL. F1

Neumodische würden wohl
von einem *concept store* sprechen. Doch Freya Brown und
Marike Holla nennen ihren
Laden lieber kurz und
schlicht: Kleines Warenhaus.
Und das ist es auch: Klamot-
ten *(kleren)*, Schönes für die
Wohnung, Pflanzen, Ge-
schenke – eben alles, was die
beiden schön finden. Einfach
leuk, wie der Amsterdamer
sagt, einfach nett.

Van de Pekstraat 56 | Fähre ab
Hauptbahnhof: Buiksloterweg |
www.pek-en-kleren.nl

(12) *Käse vom Feinsten*
**FROMAGERIE ABRA-
HAM KEF** F1

Bei Kef ist nicht alles Käse: In
dieser Fromagerie tritt man
ein in eine kulinarische Welt
und lernt, dass holländischer
Käse nicht beim Gouda an-
fängt und beim Edamer endet.
Kef gehört zur ehrwürdigen
Gilde der Käsemacher und

gilt als absoluter Kenner auch
der internationalen Spezialitäten. Übrigens ist gleich nebenan ein kleines Lokal, in
dem man die Häppchen sofort
mit dem passenden Wein oder
einem Bier probieren kann.

Van der Pekplein 1B | Fähre ab
Hauptbahnhof: Buiksloterweg |
www.abrahamkef.nl

(13) *Lecker vom Hof*
LANDMARKT ÖSTL. H1

Auf dem Landmarkt trifft
man die Fans von allem, was
lecker ist. In den überdeckten
Hallen bieten Bauern und andere Produzenten aus der
Umgebung ihre Produkte an.
Der Fisch fast direkt aus dem
Meer, der Käse selbst ge-
macht, das Brot frisch geba-
cken. Sehr schade, wenn man
als Tourist dann keine Küche
hat, um selbst zu kochen.
Doch da gibt es ja noch die
Köche vom Landmarkt. Im
Restaurant servieren sie köst-
liche Gerichte nach dem
Prinzip simpel und frisch.
Zum Beispiel marinierte
Gambas aus dem Wok, haus-
gemachte Pommes oder ge-
schmortes Rindfleisch.

Schellingwouderdijk 339 | Bus:
Liergouw (West) | www.landmarkt.
nl

Leben mit dem Wasser

»Amsterdam, die große Stadt, steht auf hundert Pfählen …« So geht ein uralter Kinderreim. Und ja, es stimmt. Es sind allerdings nicht 100 Pfähle, sondern **Zehntausende Holz- und Betonpfähle,** auf denen Amsterdam verankert wurde. In dem morastigen Boden würde sonst alles unweigerlich versacken. Bis heute müssen Fundierungspfeiler bis zu 50 Meter tief in stabile Lehm- oder Sandschichten gerammt werden. Und auf diesen ruhen Grachtenhäuser, der Hauptbahnhof, das Reichsmuseum. Sogar der königliche Palast steht auf Baumstämmen, 13 659 an der Zahl.

Weite Teile der Stadt liegen zudem **unter dem Meeresspiegel**, insgesamt rund 40 Prozent. Daran erinnern noch manche Straßennamen – etwa der Zeedijk (Seedeich) im Rotlichtviertel des ältesten Teils der Stadt. Aber Angst vor nassen Füßen hat hier keiner. Amsterdamer sind davon überzeugt, dass sie das Wasser fest im Griff haben. Und damit haben sie ja nicht ganz unrecht. Seit Hunderten von Jahren halten die Niederländer mit Deichen, Dämmen, Mühlen und einem ausgeklügelten **System von Kanälen** das Land trocken. Ja, sie haben sogar weite Gebiete dem Meer abgerungen – die Polder.

Amsterdamer leben seit Jahrhunderten mit dem Wasser. Es prägt die Stadt und macht ihre Schönheit aus: Die **Grachten** sind das geliebte und viel besungene Wahrzeichen der Metropole. Der Fluss **Amstel** gab ihr den Namen. Und gleich hinterm Hauptbahnhof liegt das **Ij-Gewässer,** das Nordsee und Ijsselmeer miteinander verbindet. Viele haben längst vergessen, dass das Wasser auch eine tödliche Bedrohung sein kann – wie zuletzt in der Nacht zum **14. Januar 1916.** Ein eisiger Südweststurm peitschte über das Land, der Wind türmte die Wellen der See haushoch auf, heftiger Regen ergoss sich. Dann brachen die Deiche. Das Wasser hatte freie Bahn und stoppte erst kurz vor den Toren von Amsterdam. In jener Nacht verloren Dutzende Menschen ihr Leben.

Amsterdam 2.0: Auf der Insel Steigereiland kann man von den Terrassen der schwimmenden Häuser aus direkt ins Boot steigen.

Seither ist viel geschehen. Der berühmte, 32 Kilometer lange **Abschlussdeich** im Norden des Landes wurde errichtet, auch um die Hauptstadt zu schützen. Das Jahrhundertbauwerk trennte das Süd-Meer von der Nordsee ab. Vor den Toren von Amsterdam entstand so das **Ijsselmeer** – ein Süßwassersee.

Doch mit dem **Klimawandel** steigt auch die Bedrohung. Die Stürme werden heftiger, der Regen nimmt zu, der Meeresspiegel steigt. »Die massiven Wasserbauwerke reichen als Schutz nicht mehr aus«, warnt die Deichgräfin Tanja Klip-Martin. »Der Klimawandel zwingt uns zum Umdenken.« Es gibt keine Wahl: Wenn die Deiche und Dämme an der Nordsee nicht halten, dann versinkt das gesamte Ballungsgebiet von Rotterdam bis Amsterdam in den Fluten. Also werden Deiche erhöht, Dämme verstärkt, Auffangbecken gegraben. Polder werden dem Wasser zurückgegeben. Alles wird getan, damit die Stadt nicht wie eine Badewanne vollläuft.

Die Bedrohung gibt aber auch Raum für **kreative Projekte** und eine spannende Architektur. Im Viertel Ijburg etwa, einer künstlich angelegten Insel im Osten, wohnen Leute in schwimmenden Häusern. Und im Norden treibt eine ganze Siedlung auf dem Wasser – gebaut völlig ohne Pfähle.

OOST

Der Stadtteil der Kontraste: gediegene Eleganz der Gründerzeit hier, Multikultimärkte und hippe Kneipen im alten Industrieambiente dort. Doch die unbestrittenen Stars sind die Inseln mit der atemberaubenden Architektur von heute. Amsterdams Osten fasziniert.

Amsterdam Oost ist der bunteste Teil der Stadt, geprägt von einem **Völkergemisch** vor allem aus Türken, Surinamern, Marokkanern und natürlich angestammten Niederländern. Zugleich ist es auch der Stadtteil mit großen sozialen Kontrasten. Und das war eigentlich schon immer so, seit die Stadt sich Anfang des 20. Jh. nach Osten ausgedehnt hatte.

Hinter dem klassizistischen **Muiderpoort**, dem einzigen noch erhaltenen Stadttor aus dem 18. Jh., entstand um 1900 ein neues Viertel, im Westen begrenzt von der Amstel und im Süden vom Ringvaart-Kanal. Um das ehrwürdige **Tropenmuseum** und den **Oosterpark** herum wurden stattliche Wohnhäuser im Stil der Gründerzeit errichtet. Doch entlang der **Hafengebiete** und der **Werften** baute man sehr einfache Arbeiterhäuser. Dann wieder findet man den Ortsteil **Watergraafsmeer,** der bis heute mit seinen kleinen Villen aus charakteristischem roten Backstein und den hübschen Kanälen eher ein Dorf geblieben ist.

Amsterdam Oost hat bis heute immer wieder sein Gesicht verändert. Die östlichen Hafengebiete etwa sind seit Anfang des Jahrhunderts wegen ihrer atemberaubenden neuen Architektur ein Blickfang der Stadt. Ganz am östlichsten Rand liegt das neueste Viertel **Ijburg.** Auf mehreren künstlichen Inseln leben bereits rund 25 000 Menschen, vor allem Familien, in für Amsterdamer Verhältnisse großzügigen Villen mitten auf dem Wasser.

Spektakuläre Architektur für spektakuläre Akustik: die berühmte Konzerthalle, das Muziekgebouw aan 't IJ mit dem Bimhuis, auch bekannt als »schwarzer Kasten«.

Während um das **Tropenmuseum** und im **östlichen Hafengebiet** vorwiegend Amsterdamer mit hohem Einkommen und Bildungsstand wohnen, liegen dazwischen Gebiete, in denen viele Familien am Existenzminimum leben. Zuwanderer machen aus den Arbeitervierteln wie die **Indische Buurt** und dem fröhlich-bunten **Dappermarkt** fast schon exotische Orte. Allerdings auch mit großen sozialen Problemen. Dank eines ehrgeizigen Sanierungsprogramms setzte hier aber ein verblüffender Wandel ein. Viele junge Amsterdamer mit guten Einkommen, Kreative und junge Unternehmer sind in die alten Häuser gezogen. So schießen nun neben den kleinen türkischen Gemüsehändlern und surinamischen Kräuterläden die hippen Cafés, Boutiquen und Galerien wie Pilze aus dem Boden.

Die spannenden Kontraste sind sehr gut zu erleben, wenn man zu Fuß vom Hauptbahnhof am Ufer des Ij-Gewässers entlangläuft oder mit dem Rad fährt. In den **alten Packhäusern** an der Kade befinden sich inzwischen schicke Lofts und Büros. Man sieht die stolze Skyline der **spektakulären Hochhäuser,** die internationale Stararchitekten auf den östlichen Inseln errichteten. Rechts dagegen hinter der Eisenbahnlinie liegen die alten **Arbeiterviertel.** Sie erleben zur Zeit eine Metamorphose, die selbst Amsterdamer überrascht.

SEHENSWERTES

1 Oosterpark

2 Tropenmuseum

3 Landgut Franken-
dael

4 Het Scheepvaart-
museum (Schiff-
fahrtsmuseum)

5 Marinegelände ●

6 Oostelijk Haven-
gebied (Östliches
Hafengebiet)

7 Lloyd Hotel

8 CBK Amsterdam

ESSEN UND TRINKEN

1 Kanis en Meiland

2 Happyhappyjoyjoy

3 Pompstation

4 Wilde Zwijnen

5 De Tropen

6 De Ysbreeker

7 Rijsel

EINKAUFEN

8 Thinking of
Holland

9 Pols
Potten

10 De Pindakaas-
winkel ▶

11 Dappermarkt

12 Pure Markt

ABENDGESTALTUNG

13 Nedpho

14 Badhuistheater

15 Brouwerij 't IJ

16 Studio K

17 Muziekgebouw
aan 't IJ

18 Aussicht vom
Muziekgebouw ▶

Sehenswertes

1 OOSTERPARK G/H 4

Der Park im englischen Stil aus dem Jahre 1891 ist ein echter
Mikrokosmos von Amsterdam und **Spielwiese für alle:** die
Fit-Girls, Bodybuilder, Schachspieler, Sandkastenfreunde,
Grill-Fanatiker, Leseratten, Hunde-Eltern oder Spaziergänger.
Jeder liebt die großen Rasenflächen, die Wasserspiele und alten
Bäume. Und die Besucher genießen die Kunst: Im Pavillon
wird musiziert. Moderne Skulpturen erinnern an Ereignisse
der niederländischen Geschichte.

Tram: Beukenweg, Eerste van Swindenstraat, Linnaeusstraat/Wijtten-
bachstraat

2 TROPENMUSEUM G4

In dem wundervollen Gründerzeitpalast mit einer fantastischen, lichtdurchfluteten Eingangshalle wurden Jahrzehnte
lang die **Kulturschätze** der früheren niederländischen **Kolonien** gezeigt. Das Museum besitzt eine fantastische Sammlung
von Objekten aus den früheren überseeischen Gebieten in La-
teinamerika, Asien und der Karibik. Längst werden auch die
dunklen Seiten der Kolonialgeschichte wie etwa die Sklaverei

Architektonisches Glanzstück des Schifffahrtsmuseums ist der mit Glasfragmenten überdachte Hof des Gebäudes, das einst Lagerhaus der Marine war.

kritisch beleuchtet. Heute ist das einstige Kolonialmuseum Teil des nationalen »Museums der Weltkulturen«.

Linnaeusstraat 2 | Tram: Linnaeusstraat | www.tropenmuseum.nl

❸ LANDGUT FRANKENDAEL H5

Der grüne Ortsteil Watergraafsmeer war zu Rembrandts Zeiten die **Sommerfrische** der reichen Kaufleute. Nachdem das Gebiet mit Mühlen und Kanälen trockengelegt worden war, konnten die Städter hier in der Natur flanieren und Golf spielen – als ob in 350 Jahren nicht allzu viel geschehen wäre –, nur hieß der damals populäre Sport Malie. Und wer besonders reich war, baute sich in diesem Polder ein Sommerhäuschen. Der Letzte dieser Landsitze ist Frankendael, gelegen in einem traumhaften Park mit historischen Gärten. Um das Jahr 1830 waren die Gärten für die Bürger geöffnet worden, man traf sich in Frankendael zum Tee. In den Gewächshäusern des Landguts werden Gemüse und Blumen für Amsterdam gezogen.

Middenwg 72 | Tram, Bus: Middenweg | www.huizefrankendael.nl

❹ HET SCHEEPVAARTMUSEUM (SCHIFF-FAHRTSMUSEUM) G3

Schiffe gehören zu Amsterdam wie die Löcher zum Käse. Und hier sind sie zu sehen. Im historischen **Magazin der Amsterdamer Admiralität** aus dem 16. Jh., wundervoll umgebaut zu einem modernen Museum mit einem filigranen Dach über

Individuell gestaltete Zimmer, wie hier mit Holzvertäfelung und Wandfliesen, und schönes altes Fischgrätparkett: Im Lloyd Hotel lässt sich's gut übernachten.

dem gigantischen Innenhof. Die 500 Jahre lange maritime Geschichte von Schlachten, Stürmen, Sklavenhandel und Skorbut wird erzählt. Prunkstück für Groß und Klein ist die »**Amsterdam**«, der Nachbau des stolzen Dreimasters aus dem 18. Jh., im Wasser hinter dem Museum.

Kattenburgerplein 1 | Bus, Tram: Centraal Station | www.hetscheepvaart museum.nl | tgl. 9–17 Uhr | Eintritt 15,50 €

◉ IM VORBEIGEHEN ENTDECKT

❺ MARINEGELÄNDE G3

Etwas versteckt hinter dem Schifffahrtsmuseum liegt das ehemalige Marinegelände, das bis vor Kurzem noch Sperrgebiet war. Doch nun ist es zum Teil freigegeben. Junge Start-up-Unternehmen und ökologische Initiativen zogen in die alten Häuser. Der große **Innenhof** mit schönen, großen Bäumen ist offen für jeden. Es gibt auch eine gute Bar. Und das Schönste ist: Der Hof liegt direkt am Wasser. Von hier aus kann man überraschend neue Blicke auf das Museum und die Schiffe werfen. Oder sogar schwimmen.

Kattenburgerstraat 5 | Tram, Bus Kadijksplein | www.marineterrein.nl

❻ OOSTELIJK HAVENGEBIED (ÖSTLICHES HAFENGEBIET) G/H2

Hier spürt man noch die alte Hafenromantik mit dicken Tauen, Dieselöl, Stahl und großen Kähnen. Das aber ist Geschichte. Auf den alten Hafenanlagen und Docks, die wie Inseln ins Wasser gebaut wurden, wird nun gewohnt. In den 1990er-Jahren entstand dort ein **spektakuläres Wohngebiet.** Internationale Stararchitekten entwarfen atemberaubende Gebäude auf den Inseln Java, Borneo, Sporenburg und KNSM, wie etwa das gigantische kreisrunde Emerald Empire auf der KNSM-Insel. Aber an den Kaden liegen noch immer die großen Frachtschiffe – klar zum Auslaufen.

Tram: Rietlandpark, Zeeburgerdijk/Bus, Fähre: Azartplein

❼ LLOYD HOTEL H2

Um die Jahrhundertwende fuhren vom östlichen Hafengebiet aus die großen Schiffe nach Südamerika. An Bord waren viele **Auswanderer,** die der Armut entfliehen wollten. Im Anfang des 20. Jh. erbauten Lloyd Hotel verbrachten sie die letzten Tage in Europa, bevor die Reise begann. Für die Reederei KHL, die Königliche Holländische Lloyd, sollte das Hotel auch Werbung für neue Passagiere sein. Doch die reiche Ausstattung mit kostbaren Hölzern, Lampen und Wandgemälden hatte ihren Preis und trug wohl auch zur Pleite des Unternehmens 1936 bei. Nachdem es Flüchtlingsheim, Gefängnis und Atelier war, ist das Lloyd nun wieder ein Hotel – die historischen Säle und Treppenhäuser sind wundervoll restauriert (→ S. 26).

Oostelijke Handelskade 34 | Tram: Rietlandpark | www.lloyd.nl

❽ CBK AMSTERDAM H5

Treffpunkt der zeitgenössischen Kunst in der Hauptstadt. Hier werden wechselnde Ausstellungen organisiert, aber Amsterdamer können für wenig Geld auch Kunstwerke leihen. Außer Bildern, Skulpturen und Fotos verkauft CBK Amsterdam Design und Schmuck.

Oranje-Vrijstaatkade 71 | www.cbkamsterdam.nl | Sa 11–17, Do, Fr 11–18 Uhr | Eintritt frei

Große Klappe und freies Wort

Amsterdam macht Meinung, mäkelt man oft im Rest der Niederlande. Der »Grachtengürtel« bestimme, wo es lang gehen soll. Es ist ein gehässiger Seitenhieb auf die liberale Hauptstadt. Aber in dem Vorurteil steckt ein Körnchen Wahrheit.

Amsterdamer haben eine große Klappe, das sagen sie selbst gern und oft. Die bei Ausländern oft gefürchtete direkte holländische Art wird hier noch kultiviert. Die typische Mokumer **Schlagfertigkeit** und den groben **Humor** fürchtet man auch im Rest des Landes. Amsterdamer kokettieren eben gerne mit ihrer typischen Abneigung gegen Autoritäten, und ein Ausdruck davon ist es, dass sie ganz ungeschminkt und ungefragt zu allem ihren Senf dazugeben, ohne irgendetwas zurückzuhalten.

Eigentlich ist es kein Wunder, dass Amsterdam die **Medienstadt** des Landes ist: Alle überregionalen **Zeitungen,** »De Telegraaf«, »De Volkskrant«, »NRC Handelsblad« und »Trouw«, werden hier herausgegeben, dazu kommt noch das große lokale Blatt »Het Parool«. Einzig das »Algemeen Dagblad«, das vor allem in den Regionen stark ist, wird in Rotterdam gemacht. Und schließlich senden auch die großen **Talkshows** live aus der Grachtenstadt.

Grund für die Medienkonzentration ist natürlich die Größe und die Bedeutung Amsterdams als Hauptstadt und Banken- und Geschäftszentrum. Aber auch die tolerante Grundhaltung zieht Meinungsmacher und Querdenker an. Seit Jahrhunderten ist die **Freiheit des Wortes** in Amsterdam ein hohes Gut. Der französische Denker Voltaire brachte hier seine Schriften heraus. Während des Nazi-Regimes wurden die Bücher von vielen verfolgten Schriftstellern in Amsterdam gedruckt.

Meinungsfreiheit macht das Wesen der Stadt aus. Als im November 2004 der islamkritische Filmregisseur **Theo van Gogh** auf offener Straße von einem Islamisten ermordet wurde, war Amsterdam bis ins Mark getroffen. Dies war auch ein

Das Kunstwerk »Der Schrei« erinnert an Theo van Gogh. »Wir können doch drüber reden«, waren die letzten Worte des Regisseurs an seinen Mörder.

Anschlag gegen die gelebte Offenheit. Ganz in der Nähe des Tatorts erinnert heute eine **Skulptur im Oosterpark** an das Attentat.

Das freie Wort wird wie ein kostbarer Schatz gehütet und in renommierten **Debattenzentren** wie De Balie oder De Rode Hoed praktiziert – aber auch in den Grand Cafés, in denen Intellektuelle sich treffen und wo auf großen Lesetischen die Zeitungen ausliegen.

Aber die allgemeine Malaise bei den traditionellen Medien hat auch Amsterdam schwer getroffen. Im Zuge der Rationalisierung zogen sich die meisten Verlage aus dem Zentrum zurück. Nur das renommierte »NRC Handelsblad« baute gegen den Trend mitten in der Stadt ein modernes gläsernes Zeitungshaus. Im Erdgeschoss befindet sich ein Grand Café.

Das alte Zeitungsviertel mit seinen massiven Bürotürmen an der Wibautstraat – jahrelang unangefochten die hässlichste Straße Amsterdams – lag erst verlassen da. Doch es erlebt eine überraschende **Blüte.** Dort wo früher die großen Zeitungen des Landes gemacht wurden, sind nun hippe Hotels, Clubs und Cafés – und neue Podien für Querdenker.

Essen und Trinken

① *Entspannt*
KANIS EN MEILAND ÖSTL. H2

Im modernen Grand Café auf der KNSM-Insel klönen die Gäste mit Freunden, lesen Zeitung oder spielen Schach. Die große Terrasse direkt am Wasser lädt dazu ein, den Möwen zuzuschauen. Ganz ungestört kann man hier bei einer Tasse Tee oder einem der feinen lokalen Biere über das Leben nachdenken. Und wenn dann die Sonne über dem Wasser versinkt, bestellt man noch eine kleine Pasta oder ein Fischgericht, und jeder Insulaner stellt zufrieden fest: Das Leben ist gut hier. Levantkade 127 | Tram: Azartplein | Tel. 7 37 06 74 | www.kanis enmeiland.nl | Mo–Fr 8.30–1, Sa 10–1, So 10–24 Uhr | €

② *Streetfood auf höchstem Niveau*
HAPPYHAPPYJOY-JOY H2

Genauso hektisch, schrill und fröhlich, wie es der Name vermuten lässt. Das für kulinarische Experimente bekannte Team von IQ Creative serviert einen unwiderstehlichen Mix der asiatischen Küche. Die Gäste stellen sich aus dem würzigen oder scharfen Streetfood ihr eigenes Menü aus Thailand, Vietnam, China oder Indonesien zusammen. Happy Happy eben. Oostelijke Handelskade 4 | Tram: Rietlandpark, Het Funen | Tel. 3 44 64 24 | www.happyhappyjoyjoy. asia | Mo–Fr 17–23.30, Sa, So 12–23.30 Uhr | €

③ *Industriell funky*
POMPSTATION H4

Ein Hauch von New York: Steak oder Austern in einer ehemaligen Kläranlage in tollem Industrieambiente. An Wochenenden treten Jazz- und Funkbands auf. Und wer an der Bar an seinem Drink nippt, kann die Vibes der Vergangenheit fühlen: Die Wasserpumpen funktionieren immer noch. Zeeburgerdijk 52 | Tram: Zeeburgerdijk | Tel. 6 92 28 88 | www. pompstation.nu | Di–Do, So 17–1, Fr, Sa 17–3 Uhr | €

④ *Rustikal*
WILDE ZWIJNEN ÖSTL. H4

Nackte Glühbirnen hängen von der Decke, Abfallholz ziert die Wände. Alles wirkt

Raffinierte Küche serviert man im Wilde Zwijnen: z. B. gebratenes Seebarschfilet mit roten und gelben Rüben und Tintenfischringen.

rau und leicht schlampig. Ist es aber nicht. Die »wilden Schweine« kochen holländisch-modern und bio. Ach ja: und nicht nur Schwein.
Javaplein 23 | Tram: Flevopark | Tel. 4 63 30 43 | www.wildezwijnen. nl | Fr, Sa 12–22.30, So 12–22.15, Mo–Do 18–22.15 Uhr | €€

⑤ Königliche Terrasse
DE TROPEN G4
Das ehemalige Tropeninstitut am Oosterpark ist eine fantastische Kulisse für das moderne Grand Café. Architekt Piet Boon hat wunderbar Alt mit Modern kombiniert. Hier trifft man sich zum Kaffee oder Drink. Mittags und abends wird fein gekocht, inspiriert von allen Kulturen der Welt. Ein Traum ist die große Terrasse im Park.
Mauritskade 64 | Tram: Eerste van Swindenstraat | Tel. 5 68 20 00 | www.amsterdamdetropen.nl | tgl. 10–18 Uhr | €€

⑥ Relaxen am Ufer
DE YSBREEKER F5
In der alten Herberge am Amstelufer wird noch immer bis spät in den Abend hinein gelacht und bei Weißwein und Bier heiß diskutiert. In dem toll umgebauten Grand Café tippen Journalisten auf

Erdnussbutter in allen möglichen Geschmacksrichtungen gibt's im Pindakaaswinkel. Und wer sich nicht gleich entscheiden kann, darf probieren.

ihren Laptops, und Autoren schreiben Romane.

Weesperzijde 23 | Tram: Amstel Hotel | www.deysbreeker.nl | So– Do 8–1, Fr, Sa 8–2 Uhr

⑦ *Witziges Ambiente*
RIJSEL G5

Einfach *leuk*, wie die Amsterdamer sagen – einfach nett. Gute französische Landküche mit flämischem Touch, ehrliche Preise und ein raues Ambiente in einer alten Schule. Die Leute vom Rijsel wollen alles andere als hip und modisch sein, sagen sie mit leich-

tem Augenzwinkern. Eben genau wie die nordfranzösische Stadt Lille, die die Flamen Rijsel nennen.

Marcusstraat 52 | Tram: Amsteldijk, Victorieplein | Tel. 4 63 21 42 | www.rijsel.com | Mo–Sa 18–22 Uhr | €€

Einkaufen

⑧ *Feine Andenken*
THINKING OF HOLLAND G2

Witzige und spannende Souvenirs aus Holland. Der Laden im hypermodernen Passenger Terminal ist sicher nicht nur etwas für Kreuzfahrtpassagiere. Auch Amsterdamer suchen hier besondere Geschenke, Accessoires oder T-Shirts.

Piet Heinkade 23 | Tram: Muziekgebouw/Bimhuis | www.thinking ofholland.com | tgl. 10–18 Uhr

⑨ *Hippes Wohnen*
POLS POTTEN H2

Pols Potten verkauft vor allem Produkte von niederländischen Designern und Künstlern. Klassiker wie etwa von Gispen, aber auch Bettwäsche mit dem Namen Schnarch. Hip, witzig und schön. Von groß bis klein, für fast jeden Geldbeutel.

KSNM-laan 39 | Tram: Azartplein | www.polspotten.nl | Di–Sa 10–18, So 12–17 Uhr

🔴 **MERIAN EMPFEHLUNG**

⑩ *Kulinarische Erdnuss*
DE PINDAKAASWINKEL H3

Was schmiert sich der Holländer auf sein Brot und in was tunkt er seine geliebten Fritten? Klar: *pindakaas*, Erdnussbutter. Nun gibt es den ersten Laden nur für die nationale Leibspeise. Michiel

Vos mischte zehn ganz besondere Sorten, z. B. mit Schokolade, Kaffee oder Chili – alles ohne künstliche Zusatzstoffe, fair trade und biologisch.

Czaar Peterstraat 169 E | Tram: Eerste Coehoornstraat, Rietlandpark | Tel. 06 30 20 11 66 | www. depindakaaswinkel.nl | Mi–Sa 12–17 Uhr

⑪ *Multikulti*
DAPPERMARKT H4

Der Dappermarkt ist ein typisch lokaler und doch ein Weltmarkt. Von heimisch bis exotisch reicht die Warenpalette: Kleidung, Gemüse, Kräuter, Fisch und Fleisch. Umringt ist der Markt von Gedichten, die groß an die Häuserwände geschrieben wurden. Seine gemütliche, fast dörfliche Atmosphäre wird bis heute besungen.

Dapperstraat | Tram: Dapperstraat, Eerste van Swindenstraat | www. dappermarkt.nl | Mo–Sa 9–17 Uhr

⑫ *Stilvolles Landgut*
PURE MARKT H5

Das ehrwürdige Landgut Frankendael ist der letzte Landsitz aus dem 17. Jh. in der Stadt mit zwei edlen Restaurants. Und dem Markt: Er-

In der Brouwerij 't IJ werden immer wieder neue Biersorten gebraut – und das auf ökologische Art und Weise. Bei einer Führung kann man sich davon überzeugen.

zeuger verkaufen immer am letzten Sonntag des Monats ihre Produkte. Und Bewohner des schicken Viertels kommen oft mit ihrer ganzen Familie zum fröhlichen Einkaufen und natürlich für ein Häppchen und ein Gläschen.

Middenweg 72 | Tram: Hugo de Vrieslaan | www.puremarkt.nl | letzter So im Monat 11–18 Uhr

Abendgestaltung

⑬ *Besonderes Ambiente*
NEDPHO ÖSTL. H4

In einer restaurierten ehemaligen Kirche aus den 1920er-Jahren übt das Niederländische Philharmonische Orchester. Üben – aber auf sehr hohem Niveau. Die Proben sind öffentlich und gratis – und allein schon durch die fantastische Akustik ein besonderes Erlebnis.

Batjanstraat 3 | Tram: Muiderpoortstation | Tel. 5 21 75 00 | www.orkest.nl | Karten ab 18 €

⑭ *Podium für Talente*
BADHUISTHEATER G4

Das gemütliche und hübsche Theater gibt sehr viele Vorstellungen auf Englisch. Es ist ein Podium für junge Talente aus Literatur, Tanz und der Kleinkunst.

Boerhaaveplein 28 | Metro: Weesperplein, Tram: Camperstraat | Tel. 6 68 51 02 | www.badhuis theater.nl

(15) *Lekker spezial*
BROUWERIJ 'T IJ H3
Seit 1985 wird in der historischen Mühle gebraut und gezapft. Ökologisch versteht sich. Liebhaber können die besonderen Biere – je nach Jahreszeit gibt es verschiedene neue Sorten – im Biergarten direkt am Wasser trinken.
Funenkade 7 | Tram: Hoge Kadijk, Pontanusstraat | www.brouwerij hetij.nl | tgl. 14–20 Uhr

(16) *Gesellige Kultur*
STUDIO K H4
Das schöne Programmkino entwickelt sich mit seinem netten Café immer mehr zu einem Ausgehzentrum. Abends kommen vor allem Jüngere zum Tanzen oder um Konzerte zu besuchen.
Timorplein 62 | Tel. 6 92 04 22 | Tram: Dapperstraat | www.studio-k.nu

(17) *Vom Feinsten*
MUZIEKGEBOUW AAN 'T IJ G2
Der schönste Konzertsaal der Welt, schwärmen Kenner. Das gilt nicht nur für die Akustik, sondern auch für die Architektur und ganz sicherlich für die Lage: Das moderne Gebäude liegt an drei Seiten im Wasser. Den Betonkubus umhüllt eine gläserne Haut. Das flache Dach ragt weiter nach vorne und überdeckt auch eine Riesenterrasse. Hier befinden sich die Podien für moderne Musik und Jazz im Bimhuis – einem Saal, der aussieht wie ein großer Kasten, der an das Gebäude angehängt wurde.
Piet-Heinkade 1 | Tram: Muziekgebouw-Bimhuis | www.muziek gebouw.nl

MERIAN EMPFEHLUNG 12

(18) *Atemberaubend*
AUSSICHT VOM MUZIEKGEBOUW G2
Morgens, noch bevor die Stadt erwacht, gleiten die gigantischen Kreuzfahrtschiffe in die Stadt. Gleich neben dem Konzertsaal legen die schwimmenden Megahotels an. Von der Terrasse aus kann man den strahlend weißen Bug fast schon berühren. Und für Nicht-Frühaufsteher: Am Abend verlassen sie meistens wieder den Hafen. Dann kann man ihnen mit einem Glas Prosecco in der Hand zum Abschied zuwinken.
Piet Heinkade1 | Tram: Muziekgebouw-Bimhuis

ZUID

Alte Villen, breite Alleen, elegante Geschäfte und Kunstschätze. Amsterdams Süden atmet Wohlstand. Vor gut 100 Jahren wurde der Stadtteil nach einem ehrgeizigen städteplanerischen Konzept angelegt. Und nun entsteht im Süden ein gigantisches Finanzzentrum.

»Das Reichsmuseum ist beinahe wörtlich ein Tor zu einer anderen Welt«, schrieb der Amsterdamer Historiker Geert Mak. Und diese andere Welt heißt Amsterdam Zuid, der Süden der Stadt. Man verlässt den historischen Grachtengürtel und gelangt zunächst zum weitläufigen Museumsplatz, an dem die großen **Museen** der Stadt stehen und das berühmte **Concertgebouw**. Hier atmet alles Kultur, Wohlstand und Großzügigkeit.

In dem Stadtteil, der von der Amstel bis zum Olympiastadion und dem weiten Stadtwald Amsterdamse Bos reicht, wird die Stadt chic, die Straßen sind breite Alleen und die Geschäfte edel. Die Adresse allein schon gilt als Beweis dafür, dass man zu den Besserverdienenden gehört.

Der Süden ist vergleichsweise jung: Mitte des 19. Jh. war die Stadt mit rund 265 000 Einwohnern so groß wie nie zuvor geworden. Der Grachtengürtel, das heutige Zentrum, platzte aus allen Fugen. Hinter dem damals letzten Stadtwall wurde in Windeseile eine Arbeitersiedlung aus dem Boden gestampft: **De Pijp.** Vorwiegend Arbeiter aus den großen Diamantschleifereien zogen in die schmalen Häuser ein, aber auch kleine Handwerksbetriebe. Und ein junger Mann mit dem Namen Gerard Adriaan **Heineken** eröffnete in De Pijp eine Brauerei. Der Rest ist Geschichte.

De Pijp ist noch immer ein sehr geschäftiges und quirliges Viertel, auch wenn hier schon längst keine Diamanten mehr geschliffen werden. Und Bier wird auch nicht mehr gebraut. Aber

Zuid ist das Hochhausviertel der Stadt. Neben zahlreichen Banken findet man hier das World Trade Center Amsterdam, den Sitz vieler internationaler Unternehmen.

die vielen Studenten, Künstler und kreativen Unternehmer machten das Viertel zum Quartier Latin der Stadt – mit dem traditionellen **Albert Cuypmarkt** als buntem Mittelpunkt.

Es entstand aber noch ein ganz anderes Viertel. Rund um das 1888 erbaute Concertgebouw und den **Vondelpark** errichteten wohlhabende Kaufleute vornehme Villen an schattigen Alleen. Heute ist diese Ecke noch immer ein mondänes Viertel, begrenzt vom Museumsplatz und den Luxus-Einkaufsmeilen P. C. Hooftstraat und Willemsparkweg.

Das große Gebiet hinter De Pijp und den Villen aber wurde nach den Idealen des damaligen Städtebaus geplant und angelegt. Der **Plan Zuid** des Visionärs Hendrikus Petrus Berlage von 1915 gilt bis heute als architektonisches Meisterwerk. Er legte symmetrische breite Alleen an, die flankiert wurden von großzügigen hellen Wohnblocks im expressionistischen Stil der Amsterdamse School der 1920er- und 1930er-Jahre. Berlage wollte Licht, Raum und Klarheit. Zum großen Teil leben immer noch wohlsituierte Bürgerfamilien in den für Amsterdamer Verhältnisse sehr großzügigen Wohnungen. Aber zunehmend ziehen auch junge Manager aus aller Welt hierhin, die im neuen internationalen **Finanzzentrum**, der Zuidas, arbeiten. Dessen Bürotürme ragen inzwischen weit über die Stadt hinaus. Und der Finanzdistrikt dehnt sich weiter aus – vor allem in die Höhe.

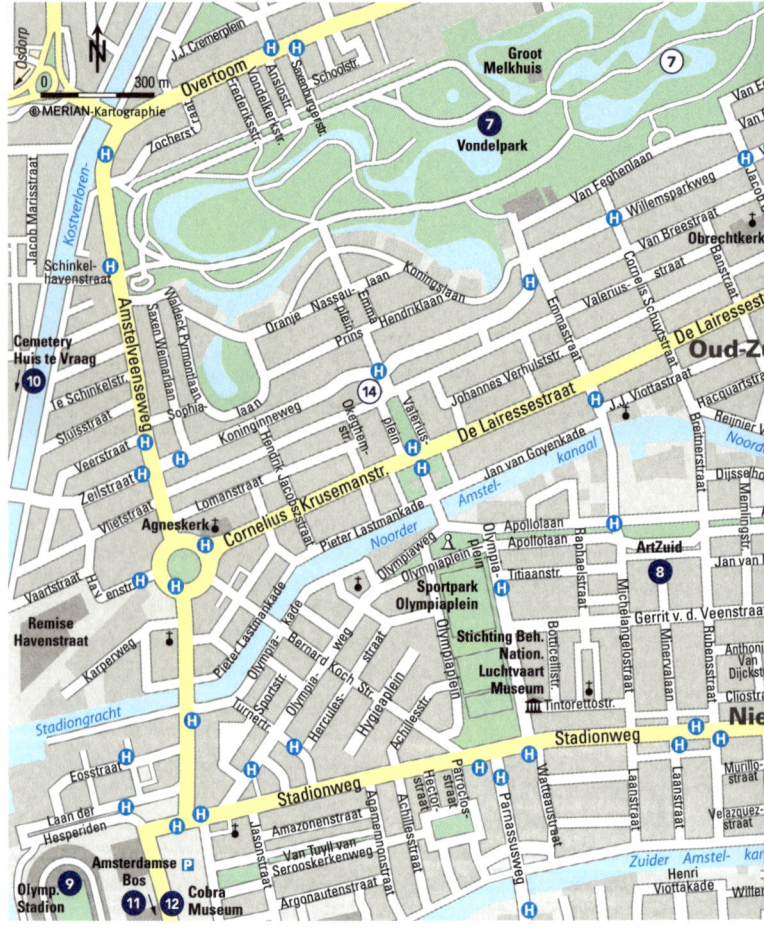

SEHENSWERTES

1. Rijksmuseum ★
2. Fietsen unterm Rijksmuseum ⚑
3. Stedelijk Museum (Städtisches Museum)
4. Van Gogh Museum ★
5. Moco
6. Concertgebouw
7. Vondelpark ★
8. ArtZuid
9. Olympisch Stadion
10. Cemetery Huis te Vraag ⚑
11. Amsterdamse Bos
12. Cobra Museum

ESSEN UND TRINKEN

1. Restaurant As
2. Renato's Osteria
3. Bazar
4. The Butcher
5. Krua Buppha
6. Taart van m'n Tante
7. Het blauwe Theehuis

144

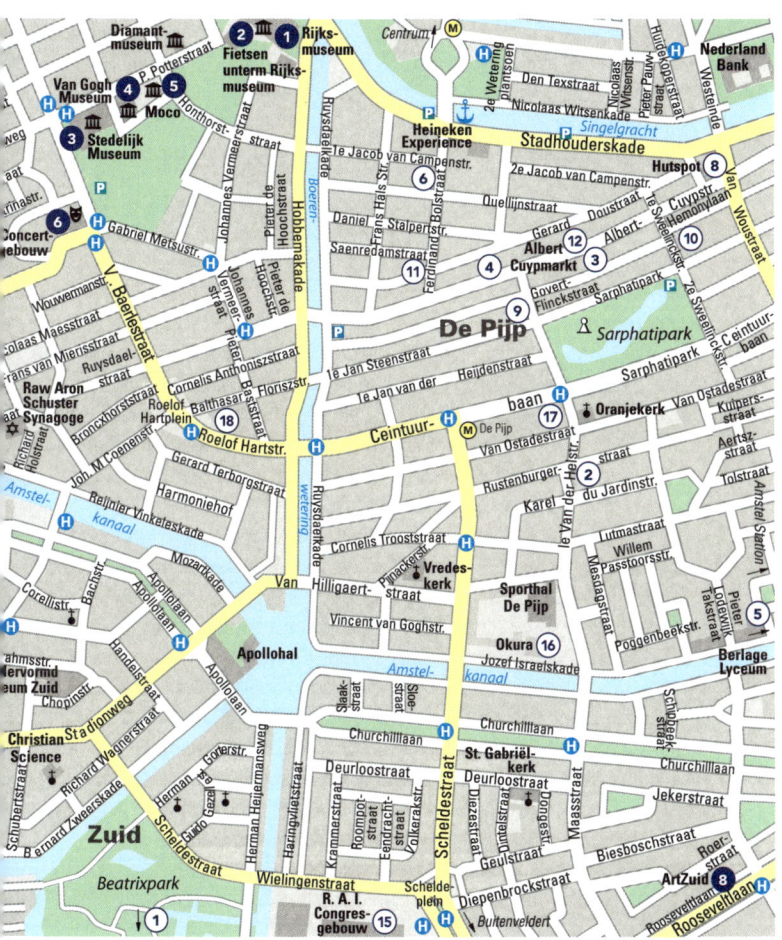

EINKAUFEN

(8) Hutspot
(9) Cottoncake
(10) Emaillekeizer
(11) Duikelman
(12) Albert Cuypmarkt
(13) Klevering
(14) Arti Choc

ABENDGESTALTUNG

(15) Rai
(16) Twenty Third Bar
(17) Rialto
(18) The College Hotel

Sehenswertes

❶ RIJKSMUSEUM D/E4

Der Architekt Pierre Cuypers entwarf 1885 dieses imposante Gebäude als das Tor zu einer neuen Welt – den neu geplanten Stadtteilen im Süden. Ein ebensolches Stadttor baute Cuypers übrigens auch am anderen Ende der Stadt: den Hauptbahnhof. Mit den Erkern und Türmen und einer gotischen Konstruktion ähnelt das Museum einer Kathedrale. Und das soll das *Rijks,* wie die Amsterdamer kurz sagen, auch sein. Eine atemberaubende Kathedrale für die großen holländischen Meister des 17. Jh., des Goldenen Zeitalters: **Rembrandt, Jan Steen, Vermeer.** Aber es gibt noch viel mehr zu entdecken: Porzellan, Möbel, Schmuck. Das Rijksmuseum bewahrt die umfangreiche nationale Sammlung von Objekten mit historischer und/ oder künstlerischer Bedeutung. Durch die verglaste Eingangshalle steigt man zur Ehrengalerie mit den Werken der großen Meister empor. Gewölbte Decken, zarte Ornamente, bleiverglaste hohe Fenster, und am Ende strahlt vor mitternachtsblauer Wand das Juwel: **»Die Nachtwache«** von Rembrandt. Da lohnt sich das Warten an der Kasse.

Museumstraat 1 | Tram: Hobbemastraat, | Tram: Museumplein, Spiegelgracht | www.rijksmuseum.nl | tgl. 9–17 Uhr | Eintritt 19 €

❷ FIETSEN UNTERM RIJKSMUSEUM D/E4

Welches Museum hat schon einen **Fahrradtunnel?** Das Rijks natürlich. Links und rechts schaut man durch die verglasten Seitenwände in die moderne Eingangshalle. Und unter dem Gewölbe geben Musiker gratis Konzerte. Kurz bevor man dann den Museumsplatz erreicht, muss man einmal nach oben schauen. Dort hängt Rembrandts »Nachtwache«.

Museumplein1 | Tram: Museumplein, Van Baerlestraat | www.rijks museum.nl

Die Wiese vor dem Rijksmuseum am Museumplein ist für die Amsterdamer ein beliebter Platz zum Ausruhen und Fußballspielen.

❸ STEDELIJK MUSEUM (STÄDTISCHES MUSEUM) D5

Das städtische Museum für moderne Kunst hat einen leicht gewöhnungsbedürftigen modernen Anbau. »Badewanne«, lästern die Amsterdamer. Doch wenn man erst mal drinnen ist, denkt garantiert keiner mehr an Schaum und Seife, sondern sagt einfach nur: Wow! Es ist ein grandioser Rahmen für die Werke von **Henri Matisse, Andy Warhol** oder **Karel Appel.** Es ist das größte Museum für zeitgenössische und moderne Kunst der Niederlande. Die vom Stararchitekten Rem Koolhaas entworfene Dauerausstellung im Erdgeschoss erzählt am Beispiel der Ikonen der Sammlung die Geschichte der modernen Kunst und ihrer besonderen Strömungen wie Bauhaus, De Stijl, CoBrA oder Pop Art. Das Stedelijk räumt auch Design und Möbeln viel Platz ein. Gleich in der Halle ist übrigens ein weiterer Superstar: die senfgelbe Rolltreppe.

Museumplein 10 | Tram: Van Baerlestraat, Museumplein | www.stedelijk.nl | tgl. 10–18, Fr bis 22 Uhr | Eintritt 18,50 €

Der größte Schatz der Stadt

Das Hündchen kläfft, die Männer zücken die Waffen, gleich rücken sie aus. »Die Nachtwache« zählt zu den berühmtesten Gemälden der Welt. Jährlich besuchen mehr als zwei Millionen Menschen das **Reichsmuseum** mit der weltweit größten Rembrandt-Sammlung und bewundern dieses großartige Werk. Es ist ein sogenanntes **Schützengemälde** und zeigt die Amsterdamer Bürgerwehr.

Rembrandt Harmenszoon van Rijn (1606–1696) gilt als einer der größten Künstler aller Zeiten. Der geniale Maler war schon zu Lebzeiten berühmt – doch er starb verarmt 1669. Seine Kunst war aus der Mode geraten. Rembrandt hatte sich nicht an damalige Konventionen gehalten, die Bürgerwacht nicht statisch dargestellt, sondern in einer dramatischen Szene, fantastisch ausgeleuchtet durch **Licht- und Schatteneffekte.**

Im Jahr 1642 vollendete Rembrandt das Gemälde mit dem vollen Titel »Die Schützen vom Viertel II unter Leitung von Kapitän Frans Banninck Cocq«. Die stolzen Männer der Bürgerwehr ließen sich gern in dieser Rolle abbilden. Das Bild sollte zeigen, dass die Holländer die Herren der Weltmeere und des Welthandels waren. Und es hat für die Niederlande über seinen künstlerischen und kunstgeschichtlichen Wert hinaus auch eine hohe **symbolische Bedeutung:** »Die Nachtwache« ist der größte Schatz des Landes – und gehört offiziell der Stadt Amsterdam.

Sein besonderer Status macht das Gemälde aber auch anfällig. Bereits mehrfach war es Opfer eines **Anschlags.** Anfang Januar 1911 hackte erstmals ein arbeitsloser Seemann mit einem spitzen Schustermesser auf »Die Nachtwache« ein. 1975 beschädigte ein psychisch kranker Mann es mit Messerstichen. Ein weiterer Anschlag wurde im April 1990 verübt, als ein Besucher Schwefelsäure auf das monumentale Gemälde spritzte. Ein Museumswärter eilte hinzu und konnte größeren Schaden noch verhindern.

Mehr als 2 Mio. Besucher jährlich bewundern »Die Nachtwache« im Reichsmuseum. Seit 2019 können sie bei der Restaurierung des Gemäldes zuschauen.

Doch »Die Nachtwache« hat schon ganz andere Dinge überstanden. Als das Bild 1715 ins neu erbaute Rathaus, den heutigen königlichen Palast, umziehen sollte, stand man vor einem Problem. Die Leinwand maß etwa vier mal fünf Meter und war damit viel zu groß für den vorgesehenen Platz an der Wand zwischen zwei Türen. Also griff man kurzerhand zum Messer und schnitt an drei Seiten einen Streifen ab – ganz so, als wäre »Die Nachtwache« eine Tapete.

Während des Zweiten Weltkrieges wurde die etwa 17 Quadratmeter große Leinwand zusammengerollt und in den holländischen Dünen versteckt. Doch als die Deutschen dort einen Teil des Atlantikwalls, ihre Verteidigungslinie im Westen des europäischen Festlands, errichteten, fasste man einen riskanten Plan: 1942 wurde das Gemälde durch das ganze Land nach Maastricht an der belgischen Grenze im Süden der Niederlande transportiert. Dort wurde Rembrandts Meisterwerk beim **Sint Pietersberg** in einer Grotte tief unter der Erde verborgen. 1945 kehrte das Bild auf dem Seeweg zurück nach Amsterdam – mit einem kleinen Umweg über Belgien. Es sollte das bislang einzige Mal sein, dass »Die Nachtwache« das Land verlassen musste.

④ VAN GOGH MUSEUM D4/5

Nirgendwo anders auf der Welt hängen so viele Van Goghs direkt beieinander. Rund 200 Landschaften, Stillleben, Selbstporträts und dazu noch Zeichnungen und Briefe. Und natürlich sind die berühmten **Sonnenblumen** zu sehen. Zu Lebzeiten hatte der heute weltweit so verehrte Maler nur zwei Gemälde verkauft. Nach seinem Tod 1890 kamen alle Werke und Briefe in den Besitz der Familie, die die Sammlung in einer Stiftung unterbrachte. Einen modernen Ausstellungsflügel entwarf der japanische Stararchitekt Kisho Kurokawa.

Paulus Potterstraat 7 | Tram: Van Baerlestraat | www.vangoghmuseum.nl | So–Do 9–18, Fr 9–21 Uhr | Eintritt 19 €

⑤ MOCO D4

Radikal und einflussreich – das sind die Künstler, denen Moco einen Rahmen bieten will. Ein Galeristenpaar eröffnete in der stattlichen historischen Villa Alsberg am Museumsplatz dieses private Museum – Modern Contemporary Museum. Und es muss sich auch mit den großen, berühmten Nachbarn messen können. Das tut Moco mit radikaler Streetart und Popart von **Andy Warhol, Jeff Koons, Damien Hirst** bis **Banksy**. Apropos: Es ist schon eine Ironie des Schicksals. Ausgerechnet der mysteriöse britische »Kunstterrorist« Banksy landete hier eingerahmt an der Wand.

Honthorststraat 20 | Tram: Concertgebouw, Van Baerlestraat | www. mocomuseum.com | So–Do 9–19, Fr, Sa 9–20 Uhr | Eintritt 15 €

⑥ CONCERTGEBOUW D5

Das Haus mit dem wundervoll gestalteten Konzertsaal ist seit mehr als 125 Jahren die Bühne des Königlichen **Concertgebouw-Orchesters**. Ende des 19. Jh. hatten ein paar Musiklieb-

Lichtdurchflutet ist das moderne Van Gogh Museum des Architekten Gerrit Rietveld. Das Haus zählt zu den meistbesuchten Museen der Welt.

haber den Plan, dem dahindümpelnden Musikleben Amsterdams Auftrieb zu geben. Ein Konzertsaal musste gebaut und dazu auch gleich ein Orchester gegründet werden. Als das Gebäude 1888 fertig war, stand es tatsächlich noch mitten auf einer grünen Wiese. Die Besucher saßen in den ersten Jahren an kleinen Tischen und konnten während des Konzertes trinken und knabbern. Das aber schaffte Chefdirigent Willem Mengelberg sehr bald ab. Er brachte den Amsterdamern schnell bei, dass man bei einem klassischen Konzert zuhört und sich nicht zwischendurch unterhält. Das Concertgebouw-Orchester gehört nach Ansicht von Kennern zu den besten Orchestern der Welt. Die 121 Musiker weisen selbst bescheiden auf den Einfluss ihrer Chefdirigenten hin. Und das waren bisher nur sieben. Darunter Riccardo Chailly, Mariss Jansons und Bernard Haitink. Jeden Mittwoch wird übrigens ein **Gratis-Lunchkonzert** gegeben.

Concertgebouwplein 2–10 | Tram: Van Baerlestraat, Museumplein | www. concertgebouw.nl

MERIAN TOP 10

❼ VONDELPARK B–D 4/5

»Eine Gelegenheit, wo Licht und Luft, Wasser und Quellen, Blumen und Pflanzen voll von den Bürgern genossen werden können.« Das wollte der steinreiche Kaufmann C. P. van Eeghen, als er gemeinsam mit einigen anderen Gönnern der Stadt ein Stück Land zur Verfügung stellte. Heute kann und darf man in Amsterdams größtem und sehr beliebtem Park weitaus mehr, als nur Blümchen genießen, Tee trinken und lustwandeln. Über 10 Mio. Menschen kommen jährlich hierher, um auf den 47 ha zu joggen, zu picknicken, Fußball zu spielen oder in der Sonne zu liegen. Man trifft sich in den Cafés, während der Sommermonate gibt es **Gratisvorstellungen** im Freilufttheater: Jazz, Klassik, Theater oder modernen Tanz. Bands und Orchester geben Konzerte unter alten Bäumen. Der über 150 Jahre alte Park hat viel von seinem ursprünglichen Plan im englischen Landschaftsstil bewahrt: Große Weiden wechseln sich ab mit Wald, Wasserspielen und romantischen Plätzchen wie etwa dem Rosengarten. Am Eingang grüßt das Standbild des Dichters Joost Vondel.

Bus, Tram: Leidseplein | www.hetvondelpark.net

8 ARTZUID C–F 6

In den Sommermonaten werden die großen Alleen im schicken Süden zur **Kunstmeile.** Dank einer privaten Initiative werden an den Straßen Skulpturen berühmter internationaler Bildhauer aufgestellt. Ungefähr zweieinhalb Stunden dauert der Spaziergang durch diese moderne Kunstgalerie unter freiem Himmel. ArtZuid führt außerdem Besucher in mehreren Sprachen durch das von dem Architekten Hendrik Petrus Berlage entworfene Viertel und erklärt seinen »Plan Zuid«. In diesem städtebaulich interessanten Gebiet sieht man wunderbare Beispiele für die **Architektur** der Amsterdamer Schule.

Apollolaan, Minervalaan, Rooseveltlaan | Metro: Zuid/WTC, Tram: Minervaplein | www.artzuid.nl | Berlage-Tour ab 20 €

9 OLYMPISCH STADION B6

Johnny »Tarzan« Weissmüller und der finnische Läufer Paavo Nurmi feierten **1928** in Amsterdam ihre großen Erfolge. Der strahlende Mittelpunkt der **Olympischen Spiele** war das elegante Olympiastadion. Hier wurde erstmals das olympische Feuer entfacht. Eigentlich sollte das Stadion in den 1990er-Jahren abgerissen werden. Das aber konnte durch eine Bürgerinitiative verhindert werden. Das Stadion wurde renoviert und ist seit 2000 noch immer eine Sportarena, aber vor allem ein kleines Juwel der Architektur der 1920er-Jahre.

Tram: Stadionplein | www.olympischstadion.nl | Di–So 11–17 Uhr | Tour 12,50 €

MERIAN EMPFEHLUNG

14

10 HUIS TE VRAAG B6

Es ist einer der romantischsten Orte in Amsterdam. Der verwunschene alte Friedhof Huis Te Vraag (Haus gesucht) am

Fluss Schinkel ist heute ein **Kulturdenkmal.** Hinter dem schmiedeeisernen Tor verbirgt sich eine Idylle. Kleine Pfade schlängeln sich um die von Efeu überwucherten Grabsteine und Skulpturen.

Rijnsburgstraat 51 | Bus: Aalsmeerplein | www.huistevraag.nl | Di–Fr 11–17 Uhr

⓫ AMSTERDAMSE BOS SÜDL. B6

Der Stadtwald wurde 1934 als Forstprojekt angelegt und ist heute mit rund 1000 ha einer der größten Stadtparks Europas. Das Gebiet aber war so feucht, dass kein Baum dort hätte Wurzeln schlagen können. Mit einem komplizierten System aus Abwasserrohren und künstlichen Teichen wurde das Gebiet zunächst trockengelegt. Erst 1970 wurden die letzten Bäume gepflanzt. Der Bos ist mehr als ein Park, es ist ein Wald mit vielen Tieren und 150 Baumarten. Außerdem wachsen hier auch Orchideen und andere seltene Pflanzen zwischen dem Schilf. Für die Amsterdamer ist der Bos ein traumhaftes **Naherholungsgebiet** mit langen Alleen, verwunschenen Pfaden, hohen Bäumen, Wiesen, Kanälen und kleinen Seen. Im Sommer ziehen ganze Familien zum Picknick dorthin. Man kann den Stadtwald mit dem Rad oder im Kanu, auf Rollschuhen und natürlich auch zu Fuß durchstreifen.

Bosbaanweg | Bus: Van Nijenrodeweg/Amstelveenseweg | www.amsterdamsebos.nl

⓬ COBRA MUSEUM SÜDL. B6

Das Museum in Amstelveen – der Nachbarkommune gleich angrenzend an den Stadtteil Süd – hat eine imponierende Sammlung von Werken der berühmten, 1948 in Paris ins Leben gerufenen **europäischen Künstlerbewegung** CoBrA, benannt nach den Heimatstädten der Gründer, Copenhagen, Brüssel und Amsterdam. Die CoBrA-Künstler richteten sich gegen eine akademische und gesellschaftliche Einengung und Normierung der Kunst.

Amstelveen, Sandbergplein 1 | Bus: Amstelveen | www.cobra-museum.nl | Di–Do 11–17 Uhr | Eintritt 7,50 €

Essen und Trinken

① *Unter Bäumen*
RESTAURANT
AS SÜDL. D6

Die alte runde Kapelle mitten im Beatrixpark ist ein wunderbarer Ort, um abzuschalten. Eine grüne Insel im Großstadttrubel. Nachbarn und Manager des nahe gelegenen Finanzviertels sitzen relaxed an langen Holztischen und schauen durch die große, halbrunde verglaste Wand ins wechselnde Grün des Parks. Im Sommer speist man auf der großen Terrasse unter Bäumen. Grün ist auch das Essen. Das As kocht, soweit es geht, biologisch und modern holländisch mit italienischem Touch.

Prinses Irenestraat 19 | Tram: Prinses Irenestraat | Tel. 6 44 01 00 | www.restaurantas.nl | So, Di–Fr 12–24, Mo, Sa 18–24 Uhr | €€€

② *Idyllischer Platz*
RENATO'S OSTERIA E5

Ein Stück Italien mitten im Studenten- und Künstlerviertel De Pijp. Bei schönem Wetter ist die Terrasse unter den alten Linden der beste Platz. Tagliatelle Al Parmiggiano e Tartufo beim Schein der Straßenlaternen? Das ist Dolce Vita!

Van der Helstplein 17 | Tram: Tweede van der Helststraat | Tel. 3 62 72 33 | www.renatososteria.nl | Mo–Sa 17.30–22, So 15–22 Uhr | €€

③ *Orientalisches Ambiente*
BAZAR E5

Eine alte Kirche mitten auf dem quirligen Albert Cuypmarkt ist heute ein orientalischer Bazar. Ein buntes Publikum isst hier Couscous, gegrilltes Lamm oder Bizar-Bazar mit frischem Thunfisch und Krabben. Die Kellner brauchen kräftige Muskeln, denn sie balancieren die Speisen auf riesigen, runden marokkanischen Silbertabletts über ihren Köpfen hinauf zu den Gästen auf der Empore.

Albert Cuypstraat 182 | Tram: Albert Cuyp Straat | Tel. 6 75 05 44 | www.hotelbazar.nl | So–Do 11–23, Fr–Sa 11–24 Uhr | €€

④ *Hamburger mit Geheimnis*
THE BUTCHER E5

Zugegeben, das ist nichts für Vegetarier. Aber ein Muss für Fleischfreunde. Gleich beim Albert Cuypmarkt werden

Die Welt ist eine Torte, und Kitsch ist Programm im Taart van m'n Tante. Wahrhaft ein Paradies für alle Liebhaber von Schrillem und Süßem.

Super-Hamburger in relaxter Atmosphäre gebraten. Eine riesige Kuh im Schaufenster weist den Weg. Ach ja, und dann ist da noch die geheimnisvolle Hintertür. Nur wer reserviert hat, darf eintreten in eine der besten Bars von Amsterdam.

Albert-Cuyp-Straat 129 | Tram: Albert- Cuyp-Straat | Tel. 4 70 78 75 | www.the-butcher.com | So–Di 11–23, Mi, Do 12–1, Fr, Sa 12–3 Uhr | €

⑤ *Authentischer Thai*
KRUA BUPPHA F6

Wegen des Ambientes kommt keiner. Das kleine Lokal wirkt etwas verstaubt, man könnte leicht daran vorbeilaufen. Doch die Currys und die Fishcakes (!) sind so wunderbar, dass sich das in der ganzen Stadt herumgesprochen hat. Das Personal gerät nie in Stress, selbst wenn es wieder einmal übervoll ist.

Van Woustraat 241 | Tram: Amstelkade | Tel. 6 70 21 03 | www.krua buppha.nl | Mi–Mo 17–22 Uhr | €€

⑥ *Schriller Kitsch*
TAART VAN M'N TANTE E5

Das Café in De Pijp könnte den Kitsch erfunden haben. Hier ist alles süß, schrill und bunt – zum Vernaschen eben. Auch die Torten. Monkey Business beispielsweise, ein Bananenkuchen mit Mascarpone. Und wenn man dann auf einem Flohmarktsessel hängt, hinter sich die psychedelische Tapete aus den schrillen 80ern und Nippes sieht, wohin das Auge reicht, dann weiß man: Das Leben ist eine Torte.

Ferdinand Bolstraat 10 | Tram: Heinekenplein | www.detaart.com | So, Mi–Fr 11–18, Sa 11–19 Uhr

⑦ Blaue Stunde
HET BLAUWE THEE-HUIS C4

Seit über 70 Jahren ist das blaue Teehaus im Vondelpark ein beliebter Treffpunkt. Und es gibt nicht nur Tee in dem runden Pavillon aus Stahl, Glas und Beton. Von der Terrasse im Obergeschoss aus hat man eine fabelhafte Aussicht auf das bunte Treiben.

Vondelpark 5 | Tram: Jacob Obrechtstraat/Willemsparkweg | www.blauwetheehuis.nl | tgl. 9–24 Uhr

Einkaufen

⑧ Witziger Mix
HUTSPOT F5

Hutspot ist der Name eines ganz besonderen niederländischen Eintopfs. Einen besseren Namen für diesen In-Laden kann man sich kaum denken. Boutique, Design, Galerie, Café, Ad-hoc-Büro für Freelancer, Barbier: Hutspot ist eben alles in einem. Und dann gibt es immer noch Ausstellungsplatz für Designer, Künstler und Leute mit guten Ideen. Das Angebot wechselt stets. Amsterdamer lieben es.

Van Woustraat 4 | Tram: Ceintuurbaan/Van Woustraat, Ferdinand Bolstraat | www.hutspot.com | Mo–Sa 10–19, So 12–18 Uhr

⑨ Bunte Mitbringsel
COTTONCAKE E5

Kunst, Kaffee, Kleider: Tessa und Jorinde verkaufen in ihrem kleinen Laden im Viertel De Pijp alles, was sie schön finden – und was sie auf ihren vielen Reisen rund um die Welt entdecken. Balinesische Baumwollplaids oder schwedische minimalistische Kleider. Aber man kann sich im Cottoncake auch zu einem faulen Sonntagsbrunch mit selbst gemachtem Kuchen verabreden.

Eerste van der Helststraat 76HS | Tram: Ceintuurbaan/Ferdinand Bolstraat, Albert Cuypstraat, Tweede van der Helststraat | www.cottoncake.nl | Mo–Fr 10–18.30, Sa 10–18, So 11–18 Uhr

⑩ *Buntes Blech*
EMAILLEKEIZER F5
Von der Hausnummer bis zum Teekessel – dieser Kaiser hat einfach alles, wenn es aus Emaille ist. Bis unter die Decke sind fröhliche Teller, Spiele, afrikanische Kunst und Schmuck gestapelt.

Eerste Sweelinckstraat 15 | Tram: Ceintuurbaan/Van Woustraat | www.emaillekeizer.nl | Mo–Fr 10.30-18, Sa 10–18 Uhr

⑪ *Paradies für Köche*
DUIKELMAN E5
Wer gerne kocht und backt, wird hier glücklich. In den vollgestopften Regalen des verwinkelten Ladens gibt es alles, was man zum Kochen braucht oder einfach nur haben will. Es soll Kunden geben, die hier erst entdeckt haben, dass sie ohne den einen besonderen Topf einfach nicht länger leben können. Auf der anderen Straßenseite werden feine Tischdecken, Handtücher und Espressomaschinen der ganz edlen Art verkauft.

Ferdinand Bolstraat 68A | Tram: Albert Cuypstraat, Ceintuurbaan/ Ferdinand Bolstraat | www.duikel man.nl | Mo–Fr 9.30–18, Sa 9.30– 17 Uhr

⑫ *Fisch und Kitsch*
ALBERT CUYP-MARKT E5
Das Herz von De Pijp, und das seit über 100 Jahren. Für viele Niederländer ist dieser Markt das Synonym für die Grachtenstadt und ein absolutes Muss bei einer Stippvisite. Weil er eben frech, bunt und gemütlich ist. Natürlich gibt es hier Tulpen, Fisch und Tomaten. Aber Schnäppchenjäger finden auf dem Albert Cuypmarkt auch immer ein schrilles T-Shirt oder die coole Lederjacke.

Albert Cuypstraat | Tram: Albert Cuypstraat | www.albertcuyp-markt. amsterdam | Mo–Sa 9–17 Uhr

⑬ *Coole Tulpe*
KLEVERING D5
Hier findet man das ganz besondere Mitbringsel oder Andenken. Von der modernen Tulpenvase im Blau der Porzellanmanufaktur Delft bis zur coolen Abwaschbürste. Von klassisch bis hip. Das Sortiment von Kleverding wird auch in den besseren Museumsshops verkauft.

Jacob Obrechtstraat 19a | Tram: Jacob Obrechtstraat | www.klevering. nl | Mo–Fr 10–18.30, Sa 10–18, So 12–18 Uhr

⑭ *Schoko-Effekte*
ARTI CHOC C5
Spargel oder echt holländische Holzschuhe? Aber dann
aus Schokolade. Arti Choc –
der Name ist Programm.
Kunst, die leicht schockiert.
Wunderbare Pralinen gibt es
übrigens auch in klassischer
Form und biologisch.
Koninginneweg 141 | Tram: Vale-
riusplein | www.artichoc.nl | Di–Fr
9.30–18, Sa 9.30–17 Uhr

Abendgestaltung

⑮ *Musicals*
RAI E6
Niederländer sind verrückt
nach Musicals. Im Theater
des Messezentrums werden
regelmäßig nationale und internationale Musicals und
Shows gezeigt.
Europaplein | Tram: Europaplein |
www.rai.nl

⑯ *Feiner Ausblick*
**TWENTY THIRD
BAR** E6
Von außen scheint das Okura
nur ein öder Hotelturm zu
sein, aber von innen ist es
sehr japanisch edel. In der
Bar des Luxushotels kann
man ganz entspannt mit dem
Cocktail in der Hand vom
23. Stock aus die Aussicht genießen. Der Blick ist atemberaubend. Wer die ganz feine
japanische Küche liebt, lässt
sich im Restaurant Ciel Bleu
auf Sterne-Niveau verwöh-
nen. Reservierung unbedingt
empfohlen!
Hotel Okura | Ferdinand Bolstraat
333 | Tram: Churchilllaan | www.
okura.nl | So–Do 18–1, Fr, Sa 18–
2 Uhr

⑰ *Charmantes Kino*
RIALTO E5
In dem Art-déco-Kino aus
den 1920er-Jahren laufen in
drei Sälen besondere Filme
aus aller Welt. Nach dem
Film sitzt man noch lange in
der kleinen Bar oder draußen
auf der Terrasse.
Ceintuurbaan 338 | Tram: Ceintu-
urbaan | www.rialtofilm.nl

⑱ *Hippe Bar*
**THE COLLEGE HO-
TEL** D5
Mitten im Museumsviertel
liegt das hippe Hotel mit der
In-Bar. Auf der Terrasse nippt
die Fashionszene ihre Cocktails oder relaxt unter Oliven-
bäumen.
Roelof Hartstraat 1 | Tram: Roelof
Hartplein | www.thecollegehotel.
com | tgl. ab 13 Uhr

»Moet kunnen« – das Geheimnis der Toleranz

«God verdomme«, flucht der Mann in Jeans und Lederjacke auf dem Fahrrad. Verdammt noch mal. Da ist doch plötzlich mitten in der Stadt die Vijzelstraat abgesperrt. Auf gelben Schildern ist für Autos eine Umleitung angegeben, aber nichts für Radfahrer. Dabei müssen täglich Tausende *fietser* hier vorbei. Der Mann fackelt nicht lange und steigt vom Rad – einige andere tun dasselbe. Mit ein paar Handgriffen stellen sie die Absperrgitter zur Seite. Der Weg für die Radfahrer ist wieder frei. »Moet kunnen«, grinst der Mann und radelt weiter.

Solche Szenen kann man täglich in Amsterdam erleben. *Moet kunnen* beschreibt die typische Toleranz der Stadt. Man spricht es aus wie mutt künnen, **muss können.** Das geht einem folgsamen Deutschen kaum über die Lippen. Entweder etwas muss sein oder etwas kann sein. Aber etwas muss können? Das geht doch nicht. Oder?

Anarchie, denken viele Touristen, aber auch andere Niederländer. Das stimmt jedoch nicht. Es ist eine besondere Art der Toleranz, die das Leben locker macht. »Die Stadt, in der alles kann und alles darf«, heißt es in einem populären Schlager.

Es gibt Hasch zu kaufen in den Coffeeshops. Die Huren bieten in Fenstern offen ihre Dienste an. Wenn Amsterdamer Grünpflanzen und Bänke auf den Bürgersteigen gemütlich finden, dann stellen sie die eben dorthin. Und es kommt kein strenger Polizist und verbietet das.

Das Prinzip *moet kunnen* habe »viel mit **Pragmatismus** zu tun«, sagt der Historiker Herman Pleij. »Diese Toleranz ist aus dem Handelsgeist der Niederländer geboren.«

Im 17. Jahrhundert waren etwa katholische Kirchen verboten. Doch die regierenden Kaufleute wollten das nicht mit Repression durchsetzen. Denn sie wussten, dass gesellschaftliche Unruhe schlecht fürs Geschäft ist. Also wurde **geduldet.** Solange die Katholiken am Sonntag die Kirchenglocken nicht

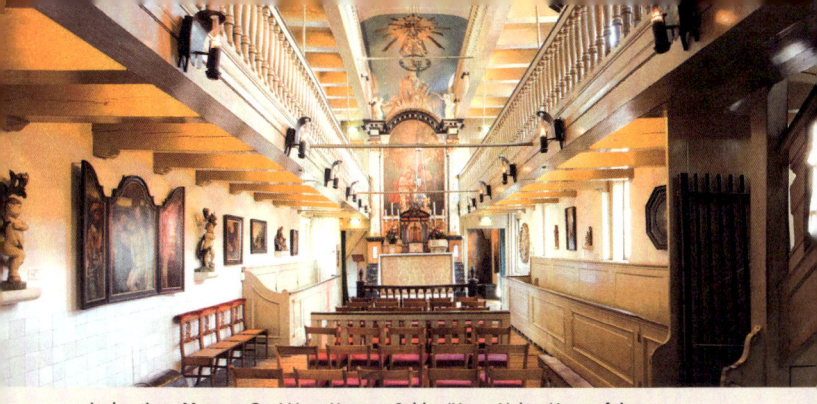

Im heutigen Museum Ons' Lieve Heer op Solder (Unser Lieber Herr auf dem Dachboden) wurden im 17. Jh. katholische Messen in der Hauskirche gefeiert.

läuteten, durften sie ihre Gottesdienste feiern. Im ältesten Teil der Stadt, an der Oudezijds Voorburgwal, zeugt eine Miniatur-Kathedrale auf einem Dachboden von dieser Toleranz.

Toleranz war auch mit die Basis der Blütezeit der Republik im 17. Jahrhundert. Viele verfolgte Andersdenkende oder Andersgläubige kamen ins Land und brachten ihre internationalen Handelsbeziehungen mit. Jüdische Händler aus Flandern und Hugenotten aus Frankreich – Amsterdam profitierte.

Bis heute wird immer dann etwas pragmatisch geduldet, wenn man keine einvernehmliche Lösung für ein Problem findet. Der Verkauf von Cannabis ist im Prinzip verboten. Aber weil das kaum durchzusetzen ist, werden eben dieser Verkauf und der Konsum von kleinen Mengen geduldet. *Gedogen* heißt das. Gegen Großhandel und Anbau hingegen wird vorgegangen. Das führt zu der bizarren Realität, dass sich die Coffeeshops illegal durch die Hintertür ihre Vorräte beschaffen müssen.

Die berühmte niederländische Toleranz ist in den letzten Jahren aber schwer unter Druck geraten. Vor allem durch den großen Zustrom von Touristen rufen immer mehr Amsterdamer nach **Regeln**. Denn *moet kunnen* heißt eben nicht, dass alles erlaubt ist. Im Gegenteil: Man darf zwar einen Joint auf der Straße rauchen, aber dort keine Flasche Bier trinken. Sonst droht eine Geldstrafe von 95 €. Die Straßen zuzumüllen oder an Häuser zu pinkeln wird natürlich auch nicht toleriert. *Moet kunnen* hat **Grenzen**.

WEST

Lauschige Grachten, Cafés unter alten Bäumen, viel bunter Trubel. Schöne 1920er-Jahre-Architektur für Arbeiter und die Westergasfabrik als kultureller Hotspot. Das ist der alte Westen. Doch fast explosionsartig entsteht eine ganz neue Stadt im früheren Hafengebiet.

Mit seinen Grachten und den schönen Gründerzeithäusern gehört der alte Westen von Amsterdam zu den **attraktivsten Wohnvierteln** der Hauptstadt der Niederlande. Gleich hinter der Singelgracht nahe dem alten Zentrum und beim Vondelpark liegen die gemütlichen Straßen mit ihren kleinen Plätzen und den schattigen Bäumen. Eine Vielzahl von Cafés und besonderen Läden machen Amsterdam West zu einem sehr beliebten Wohnviertel für Künstler, Studenten und Familien.

In den vergangenen Jahren zogen auch immer mehr Initiativen aus dem Umwelt- und Energiebereich und Kulturschaffende in den Westen. Sie eröffneten in ehemaligen Schulen, Krankenhäusern und Fabriken des 19. Jh. Ateliers, Galerien und Büros. Vor allem die alte **Westergasfabrik** im Norden des Stadtteils hat sich zu einem spannenden kulturellen Zentrum entwickelt.

Das Viertel erstreckt sich vom Vondelpark bis weit in das westliche Hafengebiet hinein und ist seit dem 19. Jh. ein Ort der architektonischen Experimente. Hier kann man wunderbar nachvollziehen, wie Amsterdam plante und baute. Höhepunkt ist ganz sicher die **Spaarndammerbuurt.** Sozialreformer ließen in den 1920er-Jahren für die Hafenarbeiter bezahlbare, aber auch schöne Wohnungen im Stil der expressionistischen Amsterdamse School bauen. »Kleine Paläste für die Armen« war der Slogan. Sie waren damals fast schon luxuriös und als Arbeiterhäuschen gar revolutionär.

Hier lässt es sich leben: Die Restaurants und Cafés an den Grachten tragen zu dem besonderen Flair von Amsterdam West bei.

Wie die Stadtplanung heute funktioniert, erkennt man im alten westlichen Hafengebiet. Die Gegend bekommt, ebenso wie das Gegenstück im Osten, eine **spektakuläre Skyline** mit für Amsterdamer Verhältnisse nahezu gigantisch großen Hochhäusern.

Im alten Holzhafen stehen hier und da noch heruntergekommene Hallen zwischen Brachflächen. Doch auch hier verändert sich etwas. Die ersten **künstlichen Inseln** wurden bereits aufgeschüttet. Mit rund 70 000 Wohnungen soll hier faktisch eine neue Stadt entstehen. Und der große Traum ist eine einzige Promenade vom westlichen Hafen bis ganz in den Osten. Aber das ist noch Zukunftsmusik.

Am Silodam hat die spektakuläre Zukunft schon begonnen: Die alten Getreidesilos wurden zu aufregenden **Luxusapartments** umgebaut. Etwas weiter liegt das schrille bunte Apartmenthaus der Rotterdamer Star-Architekten MVRDV. Mitten im Wasser, wie ein bunter Legostein.

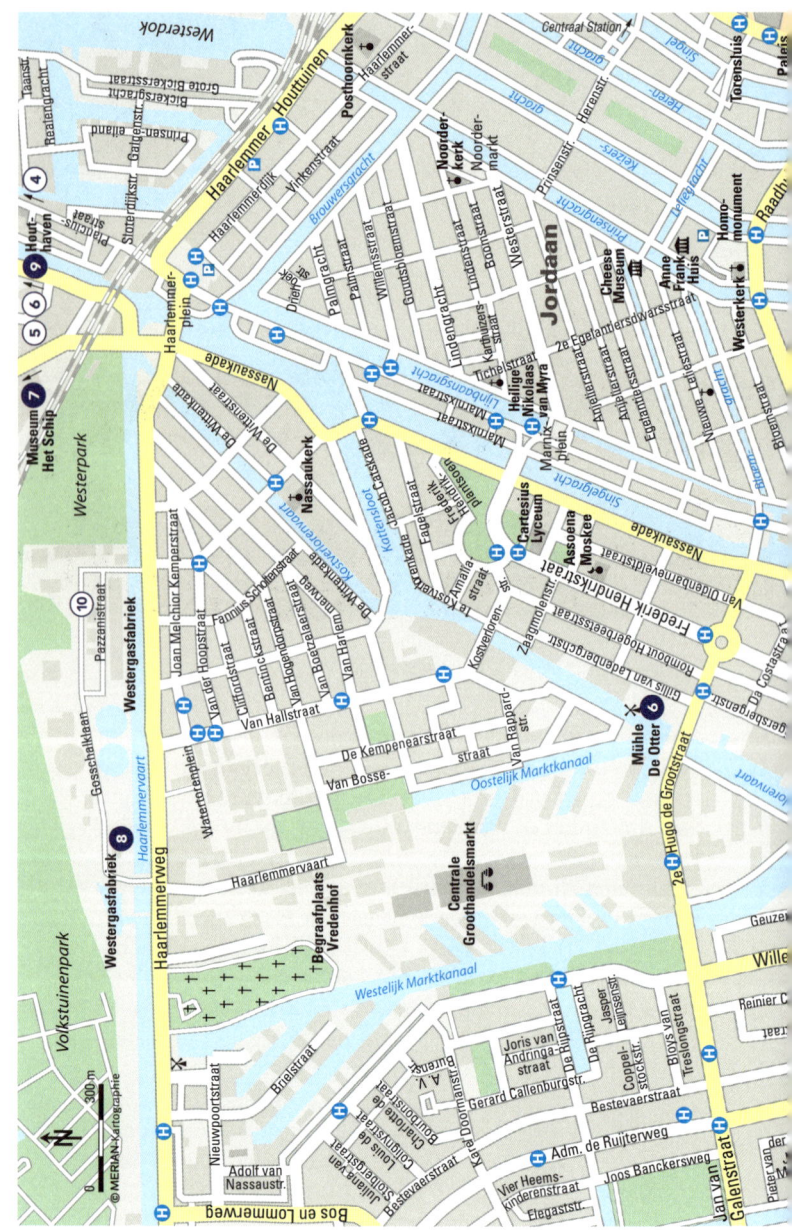

Nieuwezijds
Spuistraat
Spuistraat
Begijnhof
Spui
Amsterdam Museum
Herengracht
Hartenstr.
Reestr.
Keizersgracht
Prinsengracht
Wolvenstr.
Berenstr.
Runstraat
Huidenstr.
Huis Marseille
Het Grachtenhuis
Singelkerk
Leliegracht
Heren- gracht
Oude Spiegelstr.
Nieuwe Spiegelstraat
Keizersgracht-kerk
Kerkstraat
Spiegelgracht
Prinsengracht
Leidsegracht
Woonboot-museum
Elandsgracht
Elandsstraat
Passeerdersgracht
Oude Looiers-str.
Passeerders-str.
Raamstraat
Nieuwe Looiersstr.
Lange Leidsedwarsstraat
Korte Leidsedwarsstraat
Marnix-straat
Stads-schouwburg
Leidseplein
Paradiso
Leidsebosje
Gallery Delaive
Reflex Galerie
Alex Daniels
1e Weteringdwarsstr.
2e Weteringdwarsstr.
3e Weteringdwarsstr.
Weteringschans
Stadhouderskade
Wetering-circuit
Museum-plein
Rijksmuseum
Hobbemastraat
Diamant-museum
Van Gogh Museum
Moco
P.C. Hooftstraat
Jan Luijkenstraat
Pieter Cornelisz. Hooftstr.
Honthorststr.
Vossiusstraat
Jan Willem Brouwersstr.
P. Potterstraat
Marnixstraat
Kinkerstraat
Rozengracht
Lauriergracht
Marnixstraat
Lijnbaansgracht
Nassaukade
Da Costastraat
Da Costa- kade
Da Costa- kade
Da Costa- straat
Bilderdijk-
Bilderdijk-
West
gracht
Bellamy-plein
Bellamystraat
De Clercqstraat
Kwakersstraat
Jacob van Lennepkade
Jacob van Lennepkade
Bosboom Toussaintstr.
3e Helmersstraat
2e Helmersstraat
1e Helmersstraat
2e Constant. Huygensstraat
1e Const. Huygensstraat
Overtoom
7
Zevenlanden-huizen
3
Vondelkerk
Vondelstraat
Vondelpark
J.J. Viottastr.
Jan Luijkenstraat
Zandpad
Constantijn Huygenslaan
Van Eeghenlaan
3
Hollandsche Manege
1
Anna v. Vondel
Gerard Brandtstr.
Overtoom
Groot Melkhuis
2
Orgelpark
Wolffstraat
Elisabeth
Agatha Dekenstr.
Ten Katestraat
Nicolaas Beetsstraat
1
8
9
Lab 111
4
W. Pastoorsstr.
A. Sprongerlstr.
Schimmelstraat
Jan Hazenstr.
Wenslauerstr.
Bellamystraat
Borgerstraat
Jacob van Lennepstraat
Jacob van Lennepkade
Kanaalstraat
Wilhelminastraat
Vincentius-kerk
Staringstraat
Bredeerodestraat
Ruijschstraat
Overtoom
1e Helmersstraat
Maarten Harpertszn. Tromppstraat
wijgerlaan
2
Chassestraat
Van Speijk-
straat
El Tawheed
Van Kinsbergenstraat
Westermoskee
Kostverlorenkade
Baarsjesweg
Loorstraat
Jacob van Lennepkade
Pieter Langendijkstr.
1e Helmersstraat
Witte de With-str.
Jan van Riebeeckstraat
Fillip van Almonde-straat
Ludewijk Boisotstr.
Moskee an-Nour
Withstraat
Admiralengracht
Baarsjes-
Rhijnvis Feithstr.
De Appel Arts Centre
Overtoom
5
Cornelis Dirkszstraat
straat
Sportpark Jan van Galenstraat
Marco Polostraat
Stuyvesantstraat
Cruyssenstraat
Postjesweg
Kostverloren- vaart
Dirk Hartoghplein
Olympisch Stadion

SEHENSWERTES

1 Hollandsche Manege

2 Orgelpark

3 Zevenlandenhuizen

👁

4 Lab 111

5 De Appel Arts Centre

6 Mühle De Otter

7 Museum Het Schip

8 Westergasfabriek

9 Houthaven

ESSEN UND TRINKEN

① De Foodhallen 🚩

② Bar Spek

③ Gollem

④ Wijncafe Worst

⑤ Pont 13

⑥ REM Eiland

EINKAUFEN

⑦ Marqt

⑧ Ten Kate Markt

⑨ Jutka en Riska

ABENDGESTALTUNG

⑩ Ketelhuis

Sehenswertes

1 HOLLANDSCHE MANEGE D4

Direkt am Vondelpark findet man eines der kleinen Geheimnisse von Amsterdam: eine der schönsten städtischen Manegen Europas. Die **älteste Reitschule** der Niederlande, inspiriert von der Spanischen Hofreitschule in Wien, wurde 1882 errichtet und ist ein kleines Juwel.

Vondelstraat 140 | Tram: Constantijn Huygensstraat/Overtoom | www.levendpaardenmuseum.nl | tgl. 10–17 Uhr | Eintritt 8 €

2 ORGELPARK C4

Ein Park der besonderen Art. Zehn Orgeln und Flügel vom 15. Jh. bis zur heutigen Zeit stehen in der wundervoll restaurierten alten **Parkkirche.** Von der Drehorgel bis zur klassischen Kirchenorgel. Regelmäßig spielen hier internationale Organisten, Komponisten und andere Künstler Werke von Bach über Jazz bis Frank Zappa.

Gerard Brandtstraat 26 | Tram: Jan Pieter Heijestraat | www.orgelpark.nl | Eintritt ab 17,50 €

👁 IM VORBEIGEHEN ENTDECKT

3 ZEVENLANDENHUIZEN D4

Plötzlich steht man vor Deutschland, dann wieder Spanien oder sogar Russland. Und das in einer Straße. Sieben Länder in

Beispielsweise die maurischen Einflüsse beim spanischen Haus: Die Besichtigung der Zevenlandenhuizen ist eine Reise durch das Europa der Architekturstile.

einer Reihe. Es ist ein Kuriosum der Architekturgeschichte, das übrigens viele Amsterdamer gar nicht kennen. In der aufkommenden Euphorie über die bevorstehende Weltausstellung 1900 in Paris hatte der niederländische Architekt Tjeerd Kuipers diese »**Siebenländerhäuser**« 1894 in ihren jeweiligen Stilen gebaut.

Roemer Visscherstraat | Tram: Leidseplein

❹ LAB 111 C4

In dem ehemaligen Krankenhaus riecht es garantiert nicht mehr nach scharfen Desinfektionsmitteln. Hier richteten sich Künstler ihre Ateliers ein und zogen kreative und ökologische Betriebe ein. Im dem früheren anatomischen Labor LAB 111 trifft sich die **Kunst-Avantgarde** auf einen Drink und liest unter alten OP-Lampen die Zeitung. Die Wände haben Künstler bemalt, und abends legen DJs die neuesten Scheiben auf.

Arie Biemondstraat 111 | Tram: Overtoom/Jan Pieter Heijestraat | www. lab111.nl | Mo–Fr ab 15, Sa, So ab 13 Uhr

❺ DE APPEL ARTS CENTRE A5

Das internationale Kunstzentrum gilt seit 1975 als führende Plattform für die **zeitgenössische Kunst.** In seinen Ausstellungen, Performances, Lesungen und Debatten spürt es Tendenzen der modernen Kunst nach. Das Centre gilt vor allem als tonangebend für die moderne bildende Kunst.

Schipluidenlaan 12 | Tram: Station Lelylaan | www.deappel.nl | Mi–So 12–20 Uhr | Eintritt 5 €

❻ MÜHLE DE OTTER D2

Die Gegend um den Kanal Kostverlorenvaart hieß im 17. Jh. Mühlenviertel. Kein Wunder, hier standen 49 Sägemühlen. Doch nur eine einzige ist geblieben, De Otter aus dem Jahre 1631, die **älteste Sägemühle** des Landes. Und sie ist ganz besonders, weil das historische Grundstück einschließlich der Holzlager und der früheren Arbeiterwohnungen noch intakt ist. Jahrelang gab es ein juristisches Tauziehen um diese Mühle. Sie ist zwar nach einer Restaurierung wieder voll funktionsfähig, fängt aber durch die Hochhäuser in der Nachbarschaft immer weniger Wind. Daher sollte sie an einem anderen Ort aufgebaut werden. Doch nach heftigen Protesten entschied ein Gericht 2017, dass De Otter bleibt, wo sie immer schon stand – am Kanal.

Gillis-van-Ledenberchstraat 78 | Tram: Hugo de Grootplein

❼ MUSEUM HET SCHIP NÖRDL. D1

Ein Juwel des Architekturstils der Amsterdamse School. Der **Wohnblock** im roten Backstein wirkt bis heute wie ein kleines Dorf in der Stadt, sogar an einen Turm wurde gedacht – der hat aber nur einen dekorativen Zweck. Die heute so bewunderten organischen expressionistischen Formen prägten in den 1920er-Jahren den sozialen Wohnungsbau bis hin zur Einrich-

Der »Zigarrenerker« des Wohnblocks Het Schip. Das Gebäude ist ein Paradebeispiel für die sogenannte Amsterdamer Schule.

tung der Arbeiterhäuschen. Das Viertel Spaarndammerbuurt ist in diesem Stil errichtet. Die Häusergiebel sind wahre Kunstwerke. In den Wohnungen war alles darauf ausgerichtet, die Familien zu einem gemeinsamen, geselligen Leben im Hause zu erziehen. Wunderschöner Höhepunkt ist »**Das Schiff**«. In dem früheren Postamt dieses Komplexes ist nun das Museum eingerichtet worden.

Oostzaanstraat 45 | Tram: Haarlemmerplein | www.hetschip.nl | Di–So 11–17 Uhr | Eintritt 15 €

❽ WESTERGASFABRIEK D1

Mehr als 100 Jahre lang wurde in den roten Backsteingebäuden Gas aus Kohle produziert. Die Energie wurde für die Straßenlaternen von Amsterdam genutzt. Als die Fabrik in den 1960er-Jahren ihre Tore schloss, blieb ein schwer verseuchtes Gelände zurück. Jahrzehntelang lag es brach. Nach der Sanierung des Bodens Anfang des 21. Jh. zogen Musiker und Künstler in die alten Industriegebäude. Heute sind dort auch kleine Restaurants, Bars, Galerien und Läden untergebracht. Das Gelände erwies sich auch – schon wegen der Nähe zum Jordaan und doch etwas abseits von Wohnvierteln – als idealer Ort für große Festivals. Inzwischen ist die Westergasfabriek der neue kulturelle Treffpunkt für **Theater, Musik, Film** und **Kunst.**

Polonceaukade 27 | Tram: Limburg van Stirumplein | www.westergas.nl

❾ HOUTHAVEN NÖRDL. D1

Im ehemaligen Holzhafen der Stadt entwickelt die Kommune ein komplett **neues Stadtviertel** mit sage und schreibe 70 000 neuen Wohnungen. Diese werden auf sieben künstlich aufgeschütteten Inseln im Ij-Gewässer errichtet. Das bislang spektakulärste ist das 90 m hohe Pontsteiger-Gebäude. Ein Wohnblock mit einer gigantischen Aussparung in der Mitte und einer aufregend schimmernden Fassade. Es ist die neueste Adresse für die Reichen der Welt. Denn vor allem für die Apartments mit einem fantastischen Blick auf das Wasser muss man sehr tief in die Tasche greifen.

Houthaven | Fähre Pontsteiger

Essen und Trinken

15 MERIAN EMPFEHLUNG

① *Spanische Vielfalt*
DE FOODHALLEN C3

Dort, wo vor gut 100 Jahren die ersten elektrischen Straßenbahnen gewartet wurden, kochen und servieren nun lokale Unternehmer feine bis rustikale Speisen. Die alten Hallen sind der erste Indoor-Foodmarkt des Landes und ein echter Hotspot für Amsterdamer. Es gibt scharfe indonesische Häppchen oder leichte Snacks, auch für Vegetarier, und natürlich echte holländische *bitterballen*. Alles ist frisch zubereitet, zum Mitnehmen oder an Ort und Stelle zu genießen.

Bellamyplein 51 | Tram: Ten Katestraat | www.foodhallen.nl | So–Do 11–23, Fr, Sa 11–1 Uhr

② *Tolle Terrasse*
BAR SPEK C3

Die Anwohner sitzen auf den bunt zusammengewürfelten Stühlen und nippen im Sommer auf der tollen Terrasse am Wasser an ihren Cocktails. Die Kneipe an der Ecke ist fast immer voll, denn auch andere Amsterdamer machen dafür gern einen Umweg. Wer Hunger hat, isst in der Bar Spek-Pizza.

Admiraal de Ruijterweg 1 | Tram: Willem de Zwijgerlaan, De Clercqstraat | www.barspek.nl | Mo–Do 8–1, Fr 8–3, Sa 9–3, So 9–1 Uhr

③ *Bier und Fritten*
GOLLEM D4

22 Biere vom Fass – darunter die besten vom belgischen Nachbarn. Das allein schon ist ein Grund für die Amsterdamer, sich bei Gollem zu treffen. Und wem das nicht reicht: Dazu gibt's noch 100 Sorten Flaschenbier. Für die Bewohner des Viertels ist es die urgemütliche Stammkneipe. Aber dass die Muscheln oder die flämischen Fritten so lecker sind, hat sich herumgesprochen. Ein Tag im Vondelpark endet oft im Gollem. Also: rechtzeitig reservieren.

Overtoom 160 | Tram: Eerste Constantijn Huygenstraat | Tel. 6 12 94 44 | www.cafegollem.nl | Mo–Do 13–1, Fr, Sa 12–3, So 12–1 Uhr

④ *Edle Würstchen*
WIJNCAFE WORST NÖRDL. E1

Wein und Wurst passen wunderbar zusammen. Bewohner

Als hätten Außerirdische ihr Restaurant-UFO in Amsterdam geparkt: Das REM Eiland steht auf einer Plattform an exponierter Stelle im Holzhafen.

des Viertels, Intellektuelle, Leckermäuler: Sie alle kommen nicht etwa für eine einfache Bratwurst, sondern für die selbst gemachten Schinken und Patés. Man kann ein Häppchen zum Glas Wein bestellen, wie in einer klassischen Weinbar, oder groß dinieren. Nur Freitag- und Samstagabend wird erwartet, dass die Gäste auch essen.
Barentszstraat 171 | Tram: Zoutkeetsgracht | www.deworst.nl | Di–Sa 12–24, So 12–22 Uhr | €

⑤ Idyllische Lage
PONT 13 NÖRDL. E1
Das Pont 13 ist nicht einfach zu finden. Mitten im Holzhafen liegt die ausrangierte Fähre, auf der nun sehr sorgsam und mit viel Liebe gekocht wird. Alles frisch vom Bauern und dem eigenen Hof in Ita-

lien. Die Gäste sitzen bei Antipasti und Prosecco zwischen Blumen, Salbei und Tomaten auf dem Deck und sehen, wie die Sonne hinter den Frachtkähnen untergeht.
Haparandadam 50 | Bus: Zaanhof/ Koogstraat | Tel. 7 70 27 22 | www. pont13.nl | Di–So 12–24 Uhr | €€

⑥ Atemberaubende Aussicht
REM EILAND NÖRDL. E1
Die Lage ist unschlagbar. Oben auf der alten Station eines Piratensenders nimmt einem der Blick auf den Hafen, das Ijmeer und die Skyline den Atem. Doch auch ein Blick auf den Teller lohnt sich: Heilbutt in Weißwein oder Risotto mit Kräutern. Übrigens muss keiner die steilen Leitern nach oben klimmen. Es gibt einen Lift.

Haparandadam 45–2 | Bus: Zaan-
hof/Koogstraat | Tel. 6 88 55 01 |
www.remeiland.com | tgl. 12–
22 Uhr | €€

Einkaufen

⑦ *Feiner Bioladen*
MARQT D4

Kaum hatte der erste biologische Supermarkt eröffnet,
war er ein Renner – vor allem
bei den besserverdienenden
Feinschmeckern der Stadt
und all jenen, die schon lange
auf gute Bioprodukte gewartet hatten. Hier gibt es zwar
auch Körner, aber vor allem
Delikatessen aus ganz Europa, Gemüse und Obst von
Bauern aus der Region und
dazu frisch zubereitete Salate
und Quiches.
Overtoom 21 | Tram: Overtoom |
www.marqt.nl | tgl. 9–21 Uhr

⑧ *Witzig und bunt*
TEN KATE MARKT C3

Von Blumen bis Kleidung findet man fast alles auf dem gemütlichen und bunten Markt
direkt an der Kinkerstraat.
Dies ist wirklich noch eine
sehr typische gesellige Einkaufsstraße der Stadt. Hierher kommen die Bewohner
des Viertels, Studenten und
Familien aus allen Teilen der
Welt zum Einkaufen.
Ten Katestraat | Tram: Kinker-
straat | Mo–Sa 9–17 Uhr

⑨ *Feine Fummel*
JUTKA EN RISKA D3

Secondhand, aber fein bis
schrill. Von Jil Sander bis
Gucci. Frauen fast jeden Al-
ters stürmen den Laden der
beiden Schwestern. Übrigens
verkaufen sie auch ihre eigene
Kollektion und die von jungen Designern, und das ist
dann »first hand«.
Bilderdijkstraat 194 | Tram: Kin-
kerstraat | www.jutkaenriska.com |
Mo–Mi, Do 10.30-21, Fr 10.30–19,
Sa 10–19, So 12–19 Uhr

Abendgestaltung

⑩ *Industriedenkmal*
KETELHUIS D1

Das Kino ist die erste Adresse
in Amsterdam für den nie-
derländischen Film, aber
auch für andere europäische
Arthouse Movies und internationale Dokumentarfilme.
Das Filmhaus mit der langen
Bar befindet sich im Kultur-
park Westergasfabrik.
Pazzanistraat 4 | Tram: Van Lim-
burg Stirumplein | www.ketelhuis.
nl | Karte 11 €

Halbe Republikaner mit Oranje-Herz

Mit dem Königshaus haben es die Amsterdamer nicht so – zumindest tun sie so. »Wir bleiben halbe Republikaner«, sagt der
Historiker und Bestsellerautor Geert Mak. »Wir respektieren
die Arbeit des Staatsoberhauptes … und das ganze Theater
drum herum finden wir auch amüsant.« Aber ansonsten
nimmt keiner das alles so ernst, und jeder ist heilfroh, dass es
einen gewissen Abstand gibt.

Amsterdam ist zwar die Hauptstadt des Landes, doch der
Hof residiert wie auch die Regierung in **Den Haag.** In Den
Haag wird gearbeitet, nach Amsterdam kommen die Oranjes
immer dann, wenn es etwas zum Feiern gibt, und in Delft werden sie begraben.

Die **Rivalität** zwischen Hauptstadt und Hof-Stadt reicht
weit zurück bis ins 17. Jahrhundert, in die Zeit der Republik
der Sieben Vereinigten Niederlande. In Den Haag residierte
der Adel, in Amsterdam die Kaufleute. Sie sahen sich als Herren der Weltmeere und des Welthandels und waren sich ihrer
Macht durchaus bewusst. Und genau diese Macht fürchtete
man in Den Haag.

Gegen die Oranje-Familie hingegen hatten die Amsterdamer eigentlich nichts. Im Gegenteil. Als Königin Wilhelmina
1898 den Thron bestieg, warfen die Amsterdamer sogar ihre
Spargroschen zusammen und schenkten ihr eine **goldene Kutsche.** Seither fahren traditionell Königinnen und später auch
König Willem-Alexander einmal im Jahr in dieser Kutsche
zum Parlament, um dort die Thronrede zu halten.

Doch in der Beziehung zwischen den Oranjes und Amsterdam gibt es tiefe Narben. Bei der Hochzeit von Kronprinzessin
Beatrix 1966 in Amsterdam flogen **Rauchbomben.** Dass sie so
kurz nach dem Krieg und der deutschen Besatzung ausgerechnet mit einem Deutschen, Claus von Amsberg, nach Hause
kam, wurde Beatrix zunächst nicht verziehen. Prinz Claus gewann zwar schnell die Herzen der Niederländer. Aber 14 Jahre

Königin Máxima winkt aus der gläsernen Kutsche. Die Argentinierin hat die Sympathien vieler Niederländer gewonnen.

später folgte der zweite große Schlag. Das Königshaus wurde in die Proteste gegen die große Wohnungsnot hineingezogen. Unter dem Slogan »Keine Wohnung, keine Krönung« lieferten sich beim Thronwechsel 1980 Demonstranten mit der Polizei **Straßenschlachten.**

Jahrelang blieb das Verhältnis angespannt – bis Königin Beatrix 1988 überraschend am Königinnentag, dem nationalen Volksfest, im Jordaan auftauchte. Mitten im geselligen Trubel bekam sie spontan von einem Amsterdamer einen dicken Kuss. Majestät lachte. Es war das Zeichen der **Versöhnung.**

Seither verliefen alle königlichen Partys in Amsterdam ungetrübt. Die Hochzeit von Willem-Alexander und Máxima in der Nieuwe Kerk 2002 oder der Thronwechsel 2013. Als Königin Beatrix symbolisch ihrem Sohn in Amsterdam die Krone übergab, sangen Zehntausende Amsterdamer mitten auf dem Dam vor dem Palast: »Bea bedankt«.

Einziger **Streitpunkt** ist der Palast. Das klassizistische Gebäude von 1665 war immer Rathaus der Stadt. Erst als Napoleon das Land besetzt hatte und 1808 seinen Bruder als König von Holland einsetzte, wurde es königlicher Palast. Die Amsterdamer wollen ihn am liebsten zurückhaben. Denn das größte Gebäude im Zentrum der Stadt steht meistens leer. So viele Partys feiern die Oranjes nämlich nicht.

Amsterdam und die Umgebung lassen sich wunderbar zu Fuß, mit dem Rad und den öffentlichen Verkehrsmitteln erkunden.

SPAZIERGÄNGE UND AUSFLÜGE

SPAZIERGANG
Zu den östlichen Inseln – Skyline im alten Hafen

Das Hafengebiet kombiniert auf geniale Weise Geschichte und Moderne: entlang moderner Architektur und alter Packhäuser, unter rostigen Industriedenkmälern und über Grachten. Und überall: schönste Blicke auf das Wasser.

Start: Lloyd Hotel **Ziel:** Kadijksplein
Länge: ca. 8 km

Beim Lloyd Hotel im Osten der Stadt begann vor über 100 Jahren für viele Tausende Niederländer das Abenteuer in eine für sie neue Welt. Es war die letzte Station der Auswanderer in der Heimat, bevor sie in die damaligen Kolonien, das heutige Indonesien, zogen. Das östliche Hafengebiet besteht aus mehreren künstlichen Inseln, die Ende des 19. Jh. für den Handel mit den Kolonien eingerichtet worden waren. Doch nach dem Zweiten Weltkrieg gingen die Kolonien verloren, der Handel brach ein, der Hafen verfiel. Sehr lange war das Gebiet Sperrzone, bis die Stadt in den 1990er-Jahren beschloss, dort Wohnungen zu bauen. Es wurde eine Spielwiese für **Star-Architekten** aus aller Welt.

① THE WHALE

Das massive Apartmenthaus auf der Insel Sporenburg etwa heißt »**The Whale**« (Der Wal) und wurde von der niederländischen Architektengruppe De Architecten Cie entworfen. Tatsächlich sieht das wuchtige Gebäude mit dem verrückten Knick im Dach und den grauen Schuppen aus Zink aus wie ein gigantischer Meeresbewohner.

Eine bizarre, gekrümmte rote Brücke führt übers Wasser zur **Borneo-Insel.** An den Kaden schaukeln historische Frachtkähne, umgebaut zu Wohnschiffen. Auf dem Land aber haben sich

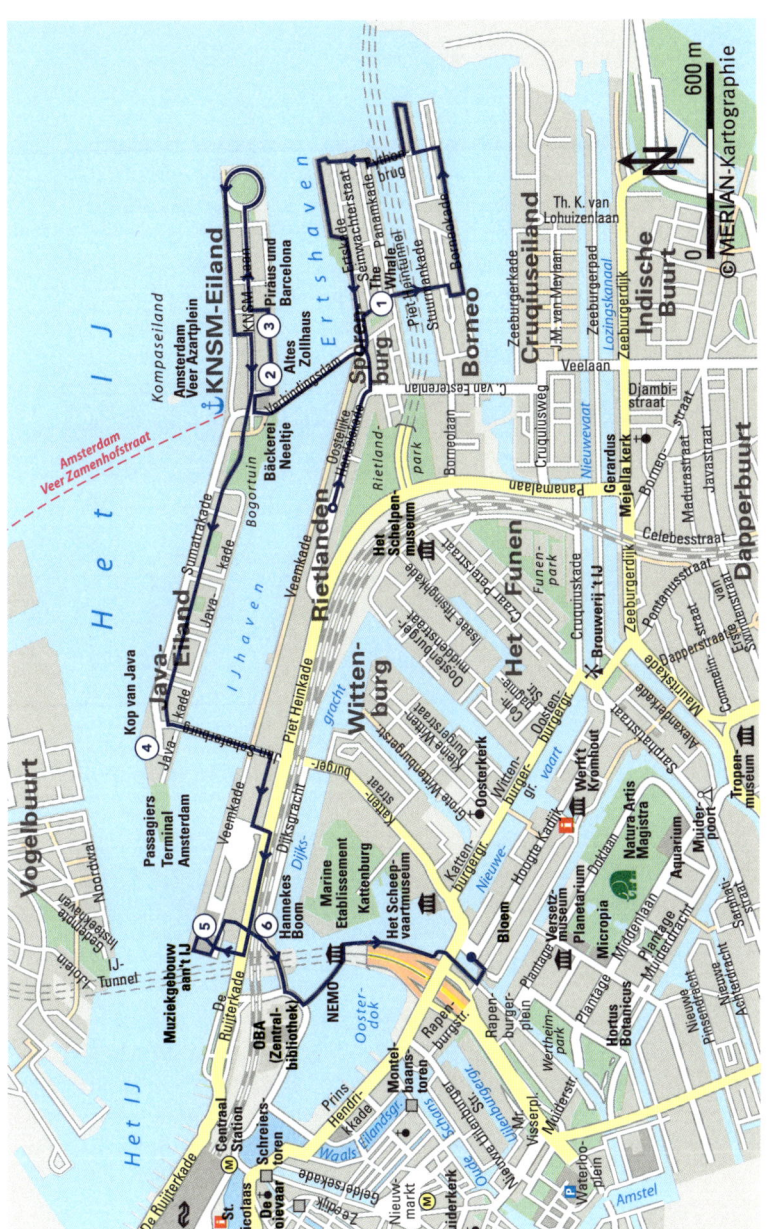

© MERIAN-Kartographie

600 m

N

Th. K. van Lohuizenlaan

Indische Buurt

Cruquiuseiland

M. van Meylaan

Zeeburgerkade

Lozingskanaal

Zeeburgerpad

Zeeburgerdijk

Veelaan

Borneo

Ertshaven

The Whale

De Panamakade

Scheepstimmermanstraat

Eerste de Seinwachterstraat

Piet Heintunnel

Stuurmankade

Bogortuinkade

Piet Heinkade

C. van Eesterenlaan

Borneolaan

Cruquiusweg

Nieuwevaart

Djambistraat

Gerardus Majella Kerk

Celebesstraat

Madurastraat

Java-straat

Bornen

Dapperbuurt

KNSM-Eiland

Amsterdam Veer Azartplein

KNSM-laan

Piräus und Barcelona

Altes Zollhaus

Vrachthuisjesmankade

Oostelijke Spoorburg

Rietland-park

Panamalaan

Het Funen

Funen-park

Brouwerij 't IJ

Cruquiuskade

Zeeburgerdijk

Pontanusstraat

Pontanusstraat

Eerste Atjehstraat van Swindenstraat

Kompaseiland

Amsterdam Veer Zamenhofstraat

Het I J

H e t   I J

Bäckerei Neeltje

Sumatrakade

Java-kade

IJhaven

Veemkade

Bogortuin

Rietlandgracht

Het Scheper-museum

Czaar Peterstraat

Isaac Hubertstraat

Oostenburger-middenstraat

Oostenburgergracht

Wittenburg

Kleine Wittenburger-straat

Grote Wittenburgerstr.

Oostenburgervaart

Oosten-burger-gr.

Werf 't Kromhout

Natura Artis Magistra

Tropen-museum

Muider-poort

Kop van Java

Java-kade

Java-Eiland

IJhaven

Piet Heinkade

Dijksgracht

Oosterkerk

Kattenburgergracht

Kattenburgerstraat

Hoogte Kadijk

Nieuwe Kattenburgerstr.

Aquarium

Sarphati-straat

Passagiers Terminal Amsterdam

Veemkade

Hanneke's Boom

Dijks-gracht

Marine Etablissement Kattenburg

Het Scheep-vaartmuseum

Bloem

Verzetz-museum

Planetarium

Micropia

Plantage Kerklaan

Plantage Middenlaan

Plantage Muidergracht

Muiderstraat

Plantage

Muzikgebouw aan 't IJ

De Ruijterkade

OBA (Zentral-bibliothek)

NEMO

Oosterdok

Rapenburg

Rapen-burgerstr.

Rapen-burgerplein

Wertheim-park

Hortus Botanicus

Nieuwe Achtergracht

Nieuwe Prinsengracht

IJ-Tunnel

Vogelbuurt

Gedempte Insulindeweg

Nieuwendammerdijk

Het I J

Centraal Station

Schreiers toren

Prins Hendrik-kade

Montel-baanstoren

Oude Schans

Waals eilandsgr.

Nieuwe Uilenburger Str.

Visserpl.

Muiderstr.

P

Waterloo-plein

Amstel

St. Nicolaas

De Ooievaar

Gelderse kade

Zeedijk

Nieuw-markt

Nieuwe Uilenburger Str.

Zuiderkerk

M

Geldersekade

1

2

3

4

5

6

179

Amsterdamer nach eigenen Entwürfen moderne **Grachten-häuser** gebaut. Viel Glas, hohe Räume, und statt eines Gärt-chens liegt das Wasser direkt vor der Hintertür, und natürlich ist ein Boot angeleint. Der Kopf der Landzunge liegt im Aus-läufer des Ijmeers, nach rechts fahren die Frachtschiffe in den Amsterdam-Rhein-Kanal. Links in der Ferne leuchten die Lich-ter der Oranje-Schleusen, die direkt zum Ijsselmeer führen.

Zurück schlängelt sich nun die steile rote Pythonbücke über das alte Hafenbecken nach **Sporenburg.** An Grünflächen hatte dort keiner bei der Planung gedacht. Das Wasser sollte als Na-tur ausreichen. Doch die Inselbewohner sind erfinderisch. Je-des Stückchen Gehweg nutzen sie als Terrasse, die Ufer als Gärten. Und im Sommer springen sie vom Bürgersteig direkt ins Wasser.

② ALTES ZOLLHAUS

Der Verbindingsdam führt zur nächsten Insel, der **KNSM,** kurz für Königliche Niederländische Dampfschifffahrtsgesell-schaft. Im Gegensatz zu den anderen Inseln stehen hier noch einige der alten Hafengebäude, etwa die Kapitänsvilla und das alte Zollhaus gleich zu Beginn beim kleinen Hafen. Sie bilden einen verblüffenden Kontrast zu den modernen Hochhäusern.

In den 1980er-Jahren hatten junge Leute die alten, leer ste-henden Hafengebäude besetzt. Doch als auch noch Dutzende Stadtnomaden mit Wohnwagen kamen, wurde der Zustand unhaltbar. Schließlich machte die Stadt einen Deal mit den Hausbesetzern. Sie durften in den alten Häusern bleiben, doch die Nomaden mussten wieder abziehen.

③ PIRÄUS UND BARCELONA

Auch an der Levantkade liegen große **historische Wohnschiffe** mit idyllischen Ufergärtchen. Links erheben sich die überwäl-tigenden Bauten, die die Insel zum Mekka für Architektur-freunde machten. Da ist der schwarze Koloss Piräus der deut-schen Architekten Hans Kollhoff und Christian Rapp, mit einem überraschend intimen Innenhof. Im Erdgeschoss befin-det sich das Inselcafé **Kanis & Meiland.**

Die rote Fußgängerbrücke verbindet die Inseln Borneo und Sporenburg. Natürlich ist sie, wie sollte es in Amsterdam anders sein, auch für Radfahrer da.

Oder das große runde Gebäude Barcelona – ein Meilenstein der modernen Architektur des belgischen Architekten Bruno Albert. Der kreisförmige Innenhof wird von einem gigantischen schmiedeeisernen Gitter verschlossen, das fein wie Spitze erscheint; ein Entwurf der belgischen Künstlerin Narcisse Tordoir. Am Kopf der Insel steht der heimliche Star, **Emerald Empire**, des niederländischen Star-Architekten Jo Coenen.

④ KOP VAN JAVA

Die breite KNSM-Laan führt schließlich zur Java-Insel mit modernen Apartmenthäusern zu beiden Seiten und großen Gärten. Das Charakteristische von Java aber sind die **Grachten und Grachtenhäuser.** Ebenso schmal und hoch wie die berühmten großen Schwestern im Zentrum, doch eben neu. In den hohen Wohntürmen rechts und links haben die Architekten natürliche Fenster ausgespart, durch die man das Wasser und das andere Ufer sehen kann.

Am Ende öffnet sich der Blick: der Kop van Java. Die Spitze der Insel ist eine der schönsten Ecken der Stadt mit einem fantastisch freien **Panoramablick** über Amsterdam und das Ij. Die Jan-Schaefer-Brücke links führt zurück zum Festland, direkt durch ein altes Packhaus. Eigentlich sollte es abgerissen werden. Doch das hatten Bürger verhindert. Das Ergebnis: eine Brücke, die mitten durch ein Haus geht.

⑤ MUZIEKGEBOUW AAN 'T IJ

Auf der Veemkade gegenüber der Java-Insel verbinden sich Neu und Alt zu einer harmonischen Skyline. Schmuckstück ist das wunderschöne Muziekgebouw aan 't IJ. Die Konzerthalle scheint wie ein gläserner Würfel über dem Wasser zu schweben. Vom Muziekgebouw aus geht es links unter einer Unterführung durch zurück in die Stadt. Über zwei Brücken gelangt man zum **Technologie- und Wissenschaftsmuseum** und dann zum **Entrepotdok.** Dort waren im 17. Jh. Werften und Packhäuser errichtet worden für Tee, Kaffee und Pfeffer, später auch Kohle aus dem Fernen Osten. Heute sind auch diese Monumente der alten Handelsmacht fantastische Wohnungen.

Essen und Trinken

⑥ HANNEKES BOOM

Das Café ist mit seiner lauschigen **Terrasse** ein besonderer Treffpunkt zum Essen, Trinken oder Relaxen zwischen Bäumen. Hannekes Boom ist ein historischer Ort. Im 17. Jh. befand sich hier ein Stadttor, nur eben im Wasser. Abends, wenn die Stadt sich zur Ruhe begab, wurde der Schlagbaum, der *boom*, gesenkt und auf diese Weise die Zufahrt für Gesindel und Feinde versperrt.

Dijksgracht 4 | www.hannekesboom.nl | Tel. 204 19 98 20

Auf der Terrasse von Hannekes Boom hat man
eine besondere Aussicht: Das grüne Nemo Science
Center scheint auf das Café zuzulaufen.

SPAZIERGANG
Über den Deich

Über den Deich läuft man von der KNSM-Insel bis zum Ijs-selmeer, erst durch das städtische Noord, dann durch kleine alte Fischerdörfchen. Zurück geht's durch malerische Dörfer.

Start: KNSM-Insel **Ziel:** Durgerdam
Länge: ca. 11 km

Von der KNSM-Insel setzt eine Fähre (gratis) über zum Nord-ufer. Durch alte Industrieanlagen und vorbei an trendigen Bars gelangt man in den malerischen **Vliegenbos,** einen einzigarti-gen, über 100 Jahre alten Stadtwald. Der Gründer Hubert Wil-lem Vliegen wollte keinen Park, sondern wilde Natur, die sich bis heute frei entfaltet: hohe Bäume, dichtes Unterholz, helle Lichtungen, und die Vögel geben dazu ein Konzert.

① NIEUWENDAM

An dieser Ecke des Stadtteils Noord, in Nieuwendam, sind die Spuren der alten blühenden Schiffsbautradition allgegenwär-tig. Zwischen Deich und Wald liegen noch immer Werften und auch ein Jachthafen. In den Wasserarmen zum Ij-Meer ankern zahlreiche **Wohnboote** – viele davon sind feine, auf dem Was-ser treibende Villen. Nieuwendam war einst ein kleines Fi-scherdörfchen am Meer, entstanden, nachdem 1516 nach ei-nem Deichdurchbruch ein neuer Dam errichtet werden musste. Heute gehören zu dem Viertel auch die Gartenstädte aus den 1930er- und 1950er-Jahren. Kern des historischen Orts ist der idyllische Deich, auf dem kaum ein Auto und ein Fahrrad gleichzeitig nebeneinander fahren können – aber ir-gendwie geht es dann doch. Auf ihm stehen die charakteristi-schen, entzückenden **Deichhäuschen,** einst waren sie den Ka-pitänen vorbehalten, die vom Wohnzimmer aus aufs Wasser schauen konnten. Inzwischen sind sie oft zu traumhaften, mo-dernen Wohnungen umgebaut worden.

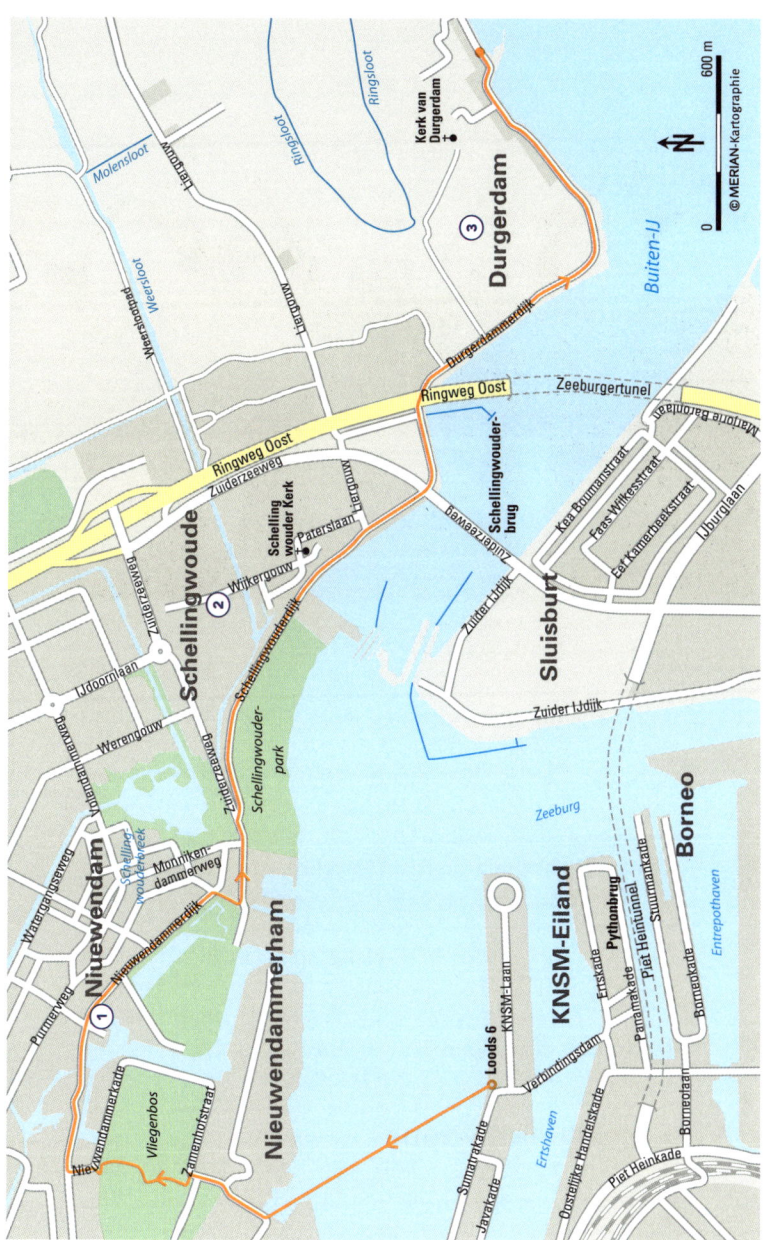

Molensloot

Ringsloot

Ringsloot

Kerk van
Durgerdam

Durgerdam

③

Weersloot

Tergouw

Weersloot

Tergouw

600 m

N

© MERIAN-Kartographie

0

Buiten-IJ

Durgerdammerdijk

Ringweg Oost

Zeeburgertunnel

Marjorie Barondlaan

Zuiderzeeweg

Zuiderzeeweg

Tergouw

Ringweg Oost

Schellingwouder-
brug

Kea Boumanstraat

Faes Wilkesstraat

Schelling
wouder Kerk

Paterslaan

Zuidalaan

IJburglaan

Eef Kamerbeekstraat

Schellingwoude

②

Wilkergouw

Zuider IJdijk

Sluisbuurt

IJdoornlaan

Zuiderzeeweg

Schellingwouderdijk

Zuider IJdijk

Werengouw

Zuiderzeeweg

Schellingwouder-
park

Zuiderzeeweg

Zeeburg

Borneo

Entrepothaven

Nieuwendam

Monnikken-
dammerweg

Schelling
wouderbroek

Vlaardingenmarkweg

Vlaardingenmarkweg

Purmerweg

Zuiderzeeweg

Nieuwendammerdijk

Nieuwendammerham

KNSM-Eiland

Pythonbrug

Piet Heintunnel

Stuurmankade

Panamakade

Borneokade

Borneolaan

①

KNSM-laan

Loods 6

Verbindingsdam

Ertskade

Nieuwendammerkade

Vliegenbos

Zaanhamofstraat

Nieu

Sumatrakade

Javakade

Oostelijke Handelskade

Piet Heinkade

185

Wer auf der Suche nach einem entspannten (Reit-)Ausflug ist, sollte nach Durger-dam mit seinen Bilderbuchhäuschen am Deich kommen.

Auch wenn hier eher betuchte Amsterdamer wohnen – Nieu-wendam hat seinen dörflichen Charakter bewahrt. Als die klei-ne Kneipe **Café 't Sluisje** nach über 100 Jahren geschlossen werden sollte, taten sich die Nachbarn zusammen und retteten sie. Im über 500 Jahre alten Deichhäuschen trifft man sich gern auf ein Gläschen und ein paar Häppchen. Am Wochenende ist es ein beliebtes Ausflugslokal – unbezahlbar ist ein Platz auf der Terrasse auf dem Wasser (Nieuwendammerdijk 297, Tel. 6 36 17 12, www.cafehetsluisje.nl, Di–So 11–1 Uhr). Die kleine Schleuse, nach der das Café benannt ist, ist mehrere Hundert Jahre alt. Hier wurden schon seit dem 17. Jh. die Kähne der Bauern aus dem Hinterland durchgelassen, damit die ihre Milch in Amsterdam verkaufen konnten.

② SCHELLINGWOUDE

Der Deich, Nieuwendamerdijk, führt vorbei an den großen Werften, wo immer noch große Schiffe repariert werden. Kurz dahinter liegt das Dorf Schellingwoude, hoch oben auf einem

Hügel sieht man die romantische **weiße Kirche** des Dorfes aus dem Jahr 1866 – sehr beliebt bei Hochzeitspaaren und für Fernsehaufnahmen. Wie Nieuwendam musste auch Schellingwoude vor knapp 100 Jahren die Selbstständigkeit notgezwungen aufgeben. Die verheerende Sturmflut von 1916 bedeutete für die Dörfer das wirtschaftliche Aus, sie mussten Teil der großen Stadt Amsterdam werden. Im Zweiten Weltkrieg fiel dann noch ein Teil des historischen Kerns von Schellingwoude der deutschen Besatzung zum Opfer. Um ein freies Schussfeld zu haben, riss die Wehrmacht 15 alte Holzhäuser am Deich ab.

Das Dorf verfügt über eine strategische und einzigartige Lage. Schellingwoude liegt direkt an den über 150 Jahre alten **Oranje-Schleusen** zum Ijsselmeer. Sie wurden im Laufe der Zeit erneuert und modernisiert und sind nach wie vor imposante mächtige Anlagen. Durch die gigantischen Tore fahren täglich Dutzende von großen Frachtschiffen und viele Segelschiffe und Motorboote. Ein faszinierendes Schauspiel. Dem Weg der Schiffe kann man auf dem Deich folgen, denn er führt direkt ans Ijsselmeer. Der riesige Süßwassersee war einst von der Nordsee abgetrennt worden. Die frühere Zuiderzee (Südmeer) war zum großen Teil trockengelegt worden.

③ DURGERDAM

Im idyllischen Dörfchen Durgerdam stehen die kleinen, **alten Häuschen** mit den bunten Vorgärtchen wie lustige Perlen auf einer Kette aufgereiht direkt am Deich. Oft sitzen die Bewohner auf Bänken vor ihren Häusern und schauen aufs Wasser und die Boote. Zu Zeiten der alten Zuiderzee gab es hier einen wichtigen Hafen. Bekannte niederländische Kapitäne zur See kamen aus Durgerdam. Doch nach dem Niedergang des Seehandels verlor das Dorf an Bedeutung. Lange lebten die Einwohner vor allem von der (Hering-)Fischerei. In dem denkmalgeschützten Durgerdam ist kein Haus älter als 1687, denn damals war das ganze Dorf bei einem Brand in Flammen aufgegangen. Die weiße **kleine Kirche,** de Kapel, nahe der Einfahrt zum Hafen wurde als Erstes wieder aufgebaut. Heute ist sie das Wahrzeichen des Dorfs.

SPAZIERGANG
Durch den grünen Süden

Diese Route führt abseits vom Touristentrubel durch die ruhigen und grünen Ecken der Stadt: den eleganten Süden mit seinen großzügigen Parks bis zur Amstel und entlang des Flusses ins quirlige Zentrum.

Start: Olympiastadion **Ziel:** Stadthuis en Muziektheater
Länge: ca. 10 km

1928 war Amsterdam Schauplatz der Olympischen Spiele. Die Stadt errichtete dafür ein elegantes **Stadion** mit Platz für 31 000 Zuschauer. Der Backsteinbau ist bis heute ein markantes und viel genutztes Monument im Süden der Stadt. Von hier aus führt der Weg auf der Stadionkade in östlicher Richtung immer am Wasser entlang,

Auf dem **Zuider Amstelkanaal** schaukeln die Boote ruhig im Wasser, auf der linken Seite erheben sich die stattlichen Wohnblocks, die dank ihrer expressionistischen Formen doch elegant wirken. Der Architekt Hendrik Berlage war ein Wegbereiter der Moderne und hatte dieses **Stadtviertel Zuid** in den 1920er- und 1930er-Jahren nach dem heute berühmten Plan Süd angelegt. Charakteristisch sind die für Amsterdam untypisch breiten Alleen und großzügigen Wohnungen. An den Fassaden und Dachgiebeln, den Hauseingängen und sogar den kleinen Brückenwärterhäuschen sieht man die Stilelemente der Amsterdamer Schule: geschwungene Giebel, Ornamente und spielerische Verzierungen.

Im Süden verläuft das Leben gedämpfter als im lärmenden Zentrum, gemächlich und in einer Atmosphäre zurückhaltenden Wohlstands. In Oud Zuid wohnt man standesgemäß. Am anderen Ufer des Kanals liegen großzügig angelegte Gärten und stehen elegante Villen. Aber dahinter ragen auch die spektakulären Hochhäuser aus Glas und Stahl empor – das **Finanzzentrum Zuidas.**

Mercatorbuurt

Rembrandt
Park

De Clercqst.

Houseboat
Museum

De Wallen

Het Scheepvaartmus.

Zuiderkerk
Mus. Het
Rembrandthuis

Verzetsmus.

Allard
Pierson

Stadhuis en
Muziektheater

Joods
Historisch
Museum

Mircropia

Plantage
Middenlaan

Huis
Marseille

Foam

Stichting
Diamant
Mus.

Rijksmuseum

Amstelsluizen

7

Van Gogh Museum

Stedelijk-
Mus.

Het
Concertgebouw

Weteringschans

Stadhouderskade

De Pijp

Museum-
plein

Vondelpark

Museumkwartier

Sarphatipark

Huis met de
Kabouters

6

Apollolaan

Sarphatipark

5

Apollobuurt

De Cooperatiehof

AVV
Swift

Stadionweg

Churchill-laan

Stadionbuurt

Wolkenkrabber

4

Olympiastadion

Beatrixpark

1

Beatrixpark

Park
Schink-
eleilanden

Roman-Catholic
Cemetery
Buitenveldert

RAI
Amsterdam

Rijnbuurt

President Kennedylaan

Ringweg Zuid

Ringweg Zuid

Amsterdam
Football Club

Friedhof Zorgvlied

Cemetery
Zorgvlied

3

Ringweg Zuid

Natuur
Tuinpark
Amstelglorie

SC Buitenveldert

Amsterdam
Zuid

Arent Janszoon Ernststraat

Amstel-

2

Amstelpark

Gijsbrecht
Aemstelpark

Van Nijenrodeweg

park

Buitenveldert

Van Boshuizenstraat

Amsterdam
Forest

Ouderkerkerdijk

Amstelsport

De Cuserstraat

Rembrandt
Hoeve

Catharina van Cleverpark

Uilenstede

Randwijck

Laan Rozenburg

Ams.eweg

De Braak

Machineweg Middelpolder

Elsrijk

Middelpolder

0   600 m

Bankraasweg

© MERIAN-Kartographie

189

① BEATRIXPARK

Bei der Beethovenstraat überquert man den Kanal. Auf der linken Seite gelangt man nun in den Beatrixpark. Er wurde 1936 angelegt, im Geburtsjahr der früheren Königin Beatrix. Es lohnt sich, auf den kleinen Pfaden, die sich um die großzügigen Rasenflächen ranken, durch diesen romantischen Park zu schlendern. Immer wieder gibt es überraschende Blicke zwischen den alten hohen Bäumen und Sträuchern hindurch auf Kanäle oder mit Seerosen bewachsene Teiche. Im Park befindet sich auch ein nach mittelalterlichem Vorbild angelegter Kräutergarten, der **Arzneihof.**

In der südöstlichen Ecke des Parks führt ein Fußweg De Groene Zoom in Richtung des Bahnhofes Rai und direkt zur Amstel. Auf der rechten Seite, kurz bevor man den Fluss erreicht, kann man unter Eisenbahn und Autobahn hindurch zum Amstelpark laufen.

② AMSTELPARK

Der großzügige Park war erst 1972 angelegt worden und zwar zur Floriade, der größten Blumen- und Gartenausstellung der Welt. Hier wurden vor allem die prachtvoll angelegten **Rosengärten** bewahrt und ein Hain von Tausenden **Rhododendronbüschen.** Am Süd-Ausgang De Borcht sieht man auf der linken Seite schon die Amstel und eine stattliche **historische Mühle.** Die Riekermolen aus dem 17. Jh. wurde wundervoll restauriert. Gleich davor steht eine lebensgroße **Bronzestatue.** Sie zeigt den Maler Rembrandt kniend, als ob er die idyllische Flusslandschaft auf seinem Skizzenblock festhielte.

Tatsächlich hat Rembrandt auf seinen Wanderungen rund um Amsterdam viele Zeichnungen von der platten Polderlandschaft und dem Fluss gemacht. Und wenn man die Drucke betrachtet, stellt man immer wieder überrascht fest, wie wenig sich eigentlich die Landschaft doch in den letzten rund 350 Jahren verändert hat.

Von hier aus sind es nur ein paar Schritte gen Süden bis zum charmanten **Restaurant Klein Kalfje** (www.kleinkalfje. nl) mit seiner wunderschönen Terrasse am Wasser.

Der Barockmaler studiert die Landschaft. Nur wenige Schritte hinter der Windmühle Riekermolen aus dem Jahr 1636 steht das Rembrandt-Denkmal.

③ FRIEDHOF ZORGVLIED

Der Weg ins Zentrum verläuft nun links immer am Wasser entlang. Gleich nach der Bahnunterführung liegt der romantische Friedhof Zorgvlied. Vor etwa 160 Jahren wurde er im **englischen Landschaftsstil** angelegt und ist letzte Ruhestätte vieler prominenter Amsterdamer – vor allem Künstler und Politiker. So liegen hier der Popsänger Herman Brood begraben, die Schriftstellerin Annie M. G. Schmidt und Bestsellerautor Harry Mulisch.

Am Ufer der Amstel liegen auch viele **Wohnboote** – meist historische Frachtschiffe, die zu gemütlichen Wohnungen umgebaut wurden, aber auch moderne Bungalows auf treibenden Pontons. Das Amstelufer ist eine der begehrtesten Adressen der Stadt. Doch freie Liegeplätze gibt es fast nie. Daher wird der Wert eines solchen schwimmenden Hauses auch nicht so sehr vom Schiff selbst bestimmt als von seinem Liegeplatz.

Nach dem **Martin Luther King Park** macht der Fluss eine kleine Biegung und weitet sich. Am gegenüberliegenden Ufer sieht man die Hochhäuser des neuen Viertels Amstelkwartier.

Ein hübsches und rätselhaftes Detail: Wer während des Spaziergangs den Blick nach oben schweifen lässt, entdeckt einen Gnom am Haus mit den Zwergen.

④ WOLKENKRABBER

Nun führt links die Kromme Mijdrechtstraat direkt zur **Vrijheidslaan,** einer der charakteristischen Alleen von Architekt Berlages Plan Süd. Von dort geht's links bis zum Victorieplein und einem besonderen Juwel der Architekturgeschichte: der Wolkenkrabber (Wolkenkratzer). Längst ist das 12-stöckige Wohnhaus nicht mehr das höchste Wohngebäude der Stadt wie noch 1931. Aber der Name blieb. Gleich davor steht tatkräftig in Stein gehauen Architekt **Berlage** und schaut auf die nach ihm benannte Brücke über die Amstel.

⑤ DE COOPERATIEHOF

Rechts am Wolkenkratzer vorbei führt die Churchill-Laan. Von dort biegt man rechts ab in die Waalstraat und überquert den schmalen Kanal. Die Straße führt direkt zu zwei fantastischen Beispielen der Architektur der Amsterdamer Schule aus den 1920er-Jahren. Das **Apartmenthaus De Dageraad** an der Burgermeester Tellegenstraat wurde im Auftrag einer sozialistischen Wohnungsbaugesellschaft errichtet. Die Idee war, dass auch Arbeiter schöne Wohnungen mit viel Licht und Luft haben sollten. Etwas weiter steht ein rotes villenartiges Backsteingebäude mit einem Turm. Eine Kirche? Im Gegenteil. De

Cooperatiehof war auch im Auftrag der **sozialistischen Ko-operative** gebaut worden. Sie wollte eben gerade keine Kirche als Mittelpunkt des neuen Wohnviertels, sondern Bildung. In dem Gebäude befanden sich Lesesäle, um die Arbeiter zu bilden. Der hohe schmale Turm über dem Lesesaal hatte nur eine ideologische Funktion – er war die sozialistische Antwort auf die Kirchtürme. Dieser Teil des Südens heißt **De Pijp** und gilt heute mit seinen kleinen Cafés, Boutiquen, Bars und Galerien als das Quartier Latin von Amsterdam. Doch vor gut 100 Jahren wohnten hier die Diamantenschleifer mit ihren Familien in oft kleinen, feuchten Wohnungen.

⑥ HUIS MET DE KABOUTERS

Der Amsteldijk führt links weiter Richtung Stadt. An der Ceintuurbaan steht eines der kuriosesten Häuser der Stadt: das Huis met de Kabouters (Haus mit den Zwergen). Das reich verzierte Gebäude ist ein **Mix aus Baustilen.** Ein bisschen Neogotik, etwas Chalet, Backstein, Holz. Und auf dem Dachgiebel sitzen zu allem Überfluss auch noch zwei Zwerge und spielen Ball. Warum, weiß eigentlich keiner.

⑦ AMSTELSLUIZEN

Über die Brücke geht es nun zum anderen Amstelufer. Auf der Höhe des grandiosen **Zirkustheater Carré** liegt mitten im Fluss ein beeindruckender Schleusenkomplex. Der war im 17. Jh. angelegt worden, um die Wasserqualität der Grachten zu verbessern. Täglich musste das Wasser aufgefrischt werden. Doch um die Häuser nicht zu gefährden, musste die Wasserzufuhr reguliert werden. Bei zu niedrigem Wasserstand drohten die Holzpfähle, auf denen die Häuser ruhen, zu verfaulen. Aber Hochwasser musste auch vermieden werden. Gleich dahinter überspannt die **Magere Brücke** den Fluss. Es ist die älteste noch funktionierende Holzbrücke aus dem 17. Jh.

Vorbei an der **Hermitage,** der Dependance der berühmten Eremitage aus Sankt Petersburg, gelangt man zum Waterlooplein. Hier steht das von Amsterdamern so oft verspottete Gebäude für Rathaus und Oper, die **Stopera.**

AUSFLUG
Kunststadt Haarlem

Haarlem ist reich an Kunst- und Kulturschätzen. Und mit seiner mittelalterlichen Innenstadt mit gemütlichen Cafés und besonderen Geschäften ist es auch eine der beliebtesten Shoppingstädte. Zum Strand ist es nur ein Katzensprung.

Anfahrt: Im 15-Minuten-Takt fahren vom Amsterdamer Hauptbahnhof Züge direkt nach Haarlem; Fahrtzeit 15 Min. **Einkehrtipps:** De Roemer, Botermarkt 17, Haarlem, Tel. 02 35/ 32 52 67, www.cafederoemer.nl €€ | Bloomingdale aan Zee, Zeeweg 94, Bloemendaal aan Zee, Tel. 02 35/73 75 80, www. bloomingdalebeach.com €€€ **Auskunft:** VVV Haarlem, Grote Markt 2, Haarlem, www.visithaarlem.com

Der Kunstgenuss beginnt beim **Hauptbahnhof** von Haarlem: reinster Jugendstil. Kein Wunder, dass er auch Kulisse für den Hollywoodfilm »Ocean's Twelve« war.

Auf dem Weg zur Altstadt sieht man schon von Weitem den hohen Turm der Kirche **Sint Bavo,** er überragt das alte Städtchen an der Spaarne. Von 1370 bis 1520 dauerte der Bau der wundervollen gotischen Kirche. Sie steht am mittelalterlichen **Grote Markt,** einst der Ort der Ritterturniere der Grafen von Holland. Und da findet sich noch ein Prunkstück: das wundervolle **Rathaus** aus dem Jahr 1250.

Mitten in dieser historischen Schatzkammer trifft man auch auf die Moderne: **De Hallen Haarlem** ist das tonangebende Museum für moderne Kunst aus dem In- und Ausland. Sowieso ist Haarlem geprägt von der charmanten Mischung von Alt und Neu. Einerseits Galerien, trendy Bars oder schicke Boutiquen – und dann wieder die historischen Häuschen. Verstreut in der Altstadt liegen 22 sogenannte **hofjes.** Reiche Kaufleute stifteten im 17. Jh. diese Wohnstätten für arme unverheiratete Frauen. Entzückende Häuser rund um einen Garten oder Innenhof.

Vom Großen Markt aus ist es nur ein Katzensprung zum **Frans Hals Museum.** Dieser alte holländische Meister steht zu Unrecht im Schatten seines Kollegen Rembrandt. Dabei war er der Erste, der mit seinen Gruppenporträts und Schützenge-mälden die Malerei im Goldenen Zeitalter revolutionierte. Das über 100-jährige Museum zeigt nicht nur berühmte Werke von Frans Hals, sondern birgt auch zahlreiche andere Kunstschätze jener Zeit (www.franshalsmuseum.nl).

Etwas weiter, direkt an der Spaarne, steht das erste und äl-teste Museum der Niederlande. Das 1779 errichtete **Teylers Museum für Wissenschaft und Kunst** – ein Erlebnis (www. teylermuseum.nl).

Ebenfalls an dem Fluss prägt seit Jahrhunderten die **Mühle De Adriaan** die Skyline von Haarlem. Seit dem Jahr 1778 ragt sie 12 m hoch über der alten Festung und bietet eine fantasti-sche Aussicht (www.molenadriaan.nl).

Für einen Shopaholic ist Haarlem der Himmel auf Erden. Sogar Amsterdamer schauen gerne mal beim kleinen Nach-barn zum Einkaufen vorbei. Und zum **Strand** ist es auch nicht weit. Vom Bahnhof aus setzt einen der Bus in knapp 20 Min. an einem der schönsten Strände der holländischen Küste ab, in **Bloemendaal.**

AUSFLUG
Romantische Festung Muiden

Diese Radtour führt entlang des romantischen Flüsschens Vecht auf alte Landgüter und durch kleine Dörfer bis zur alten Festung Muiden mit seinem wuchtigen Schloss.

Anfahrt: Vom Amsterdamer Hauptbahnhof fahren ständig Züge nach Weesp. Dort kann man direkt am Bahnhof ein Fahrrad mieten. **Dauer:** Tagesausflug **Einkehrtipp:** Café Ome Ko, Herengracht 71, Muiden, Tel. 02 94/26 23 33, www.omeko muiden.nl €€ **Auskunft:** VVV Weesp, Hoogstraat 10, Weesp, www.vvvgooivecht.nl

Die Region rund um das romantische Flüsschen Vecht ist seit Jahrhunderten für seine malerische Natur bekannt und geliebt. Am besten ist die Region mit dem Rad vom Bahnhof Weesp aus zu erkunden.

Erste Station ist **Nigtevecht/Vreeland.** Bis dahin schlängelt sich der Fluss durch eine holländische Bilderbuchlandschaft mit Schlössern und trutzigen Forts.

Vor gut 400 Jahren zogen große Kähne von hier aus nach Amsterdam, beladen mit Sand, um die Grachten zu bauen. Auf ihrem Rückweg nahmen die Schiffer die schmutzige Wäsche der Kaufleute mit, die dann in den Häusern am Ufer gewaschen wurde. Im ehemaligen Fischerdorf Nigtevecht gelangt man per Fähre ans andere Ufer.

Auf der östlichen Seite der Vecht geht es gen Norden, vorbei an zahlreichen Herrenhäusern, edlen Landsitzen, schlossähnlichen Parks mit Tee-Pavillons. In der malerischen Gegend vor den Toren von Amsterdam hatten sich nämlich schon im 17. Jh. viele adlige und reiche Kaufleute angesiedelt oder aber zumindest eine Sommerfrische gebaut. Daher nennen manche die Vecht auch die Loire Hollands. Aber hier ist die Landschaft nicht bergig, sondern ein flaches Seen- und Poldergebiet mit Mühlen und Weiden. Im Dorf **Uitermeer** ragen die runden

Slot-Hoeve
Hofland
Muiderslot
Noordhoff
Haven
Muider   trekvaart
P
A1   E231
Zuidpolderweg
De Stolpen
Nicolaaskerk
Breedland   Buffelhoeve
† † †
Grote
Kerk   Muiden
A1
Uitwatering van   het Naardermeer
E231
Molenwatering
Klein Batavia
Arbeid adet
Vecht
Honswijk
Polderwetering
Leeuwenveldse Weg
Groot Batavia
Vechtstede
College
Reaalspolder   Weg
Laurentius
Aqua
Marin
Weesp
Gemeente-
museum
Weesp
N236
Golfcentrum
Weesp
Blijwaterpad
Hannahhoeve
Vecht
Merwedelhoeve
Gooilandse   Weg
De Horn
Aetsveldse
Fort Uitermeer
Kraaijerlaan
N236
Weg
Kloap   Weg
Overdam
Overnes
Zwaanwyck
Hinderdam
Riethoeve
Spiegelweg
Ankeveensche
Plassen
Vecht
Roosendaal
Nigtevecht
Spiegel-en
Blijkpolderplas
N
0   600 m
© MERIAN-Kartographie

197

Fröhlich freie Fietser

Sie gehören zu Amsterdam wie die Löcher zum Käse: *fietsen*. Das Fahrrad ist mehr als nur ein Transportmittel. Es ist **Lebensart**. Doch nun droht der Infarkt: Fahrradstaus und Parkplatzmangel. Aber eine Alternative gibt es nicht.

Meine Freundin Liddie ist eine Kamikaze-Radlerin – das sagt sie selbst mit einem gewissen Stolz. Dabei sieht sie nicht gerade gefährlich aus. Im Gegenteil. Liddie ist eine bekannte Kolumnistin, stets nach der allerletzten Mode gekleidet und strahlt selbst dann noch fröhlich, wenn wieder einmal so ein hundsgemeiner feiner Regen fällt, der jeden nach nur ein paar Sekunden bis auf die Haut durchnässt. Mit Liddie radle ich jeden Morgen ins Büro. Für unseren Weg vom Süden bis zum Dam brauchen wir genau zwölf Minuten. Das heißt, wenn wir so *fietsen* würden wie Liddie.

Fiets ist das erste niederländische Wort, das jeder Ausländer kennt oder schleunigst lernen sollte. *Fiets* heißt Fahrrad. Liddy jedenfalls strampelt wie eine Irre, quatscht dabei munter über die neuesten politischen Parolen oder modischen Peinlichkeiten. Die lustigen braunen Augen flitzen dabei wachsam nach links und rechts. Nichts hält sie auf, nicht einmal eine rote Ampel. »Huch«, ruft sie und rast doch noch über die Kreuzung. Eine Kamikaze-Radlerin eben. Nur ich kann mich nach über 20 Jahren noch immer nicht an die **scheinbare Anarchie** auf den Amsterdamer Radwegen gewöhnen. »Es war rot«, sage ich jedes Mal entschuldigend, wenn sie wieder einmal auf mich warten muss.

»Es ist keine Anarchie«, klärt Liddie mich einmal auf. »Der Amsterdamer Radfahrer kennt auch Regeln. Die oberste heißt: **leben und leben lassen.** Du stoppst, wenn du einem anderen *fietser* in die Quere kommen würdest, und natürlich, wenn es für dich selbst gefährlich ist.« Und Liddie hat recht. Leben und leben lassen, das Prinzip der Amsterdamer Toleranz, gilt auch für den Verkehr. Selbst Autofahrer rechnen damit, dass noch

Amsterdam ist eine fahrradfreundliche Stadt. Und sie investiert weiter in die Radinfrastruktur, denn die nachhaltige Mobilität nimmt weiter zu.

ein paar Radler oder sogar andere Autos das rote Licht missachten, und warten geduldig, selbst wenn ihre Ampel schon längst dunkelgrün anzeigt.

»Wenn ein Polizeiauto direkt neben dir steht«, belehrt mich Liddie noch, »dann hältst du natürlich auch!« Denn die Polizisten verteilen in den letzten Jahren **Strafzettel** auch an Radfahrer. Übrigens auch, wenn man aufs Handy schaut oder telefoniert. Das kostet 95 €.

Das Durchgreifen ist notwendig. Denn die Fahrradwege werden immer voller. Berufsverkehr, Schüler und nicht zu vergessen die Zehntausenden Touristen, die die Stadt auf zwei Rädern entdecken wollen. An manchen Stellen droht das Verkehrschaos auf dem Radweg. Die Stadt hat reagiert: **grüne Welle** für *fietser* und neue große **Parkgaragen** – und das auch noch gratis. Und: Es gibt immer mehr **Fahrradstraßen** – dort sind Autos nur zu Gast.

Liddie findet das nur logisch. »Schließlich«, sagt sie, »sind wir *fietser* der Boss in der Stadt.« Natürlich hat sie recht: Auf dem Rad kann der Amsterdamer sein, wie er will: unabhängig, gleichberechtigt, eigensinnig. Zudem ist es gesund, gemütlich und billig. Auf dem *fiets* ist jeder ein König.

Das Wasserschloss Muiderslot, nur rund 15 km südlich von Amsterdam entfernt, ist eine der am besten erhaltenen Burgen der Niederlande.

Mauern des alten Forts über das Wasser. Es gehörte einst zur Neuen Holländischen Wasserlinie, einem einzigartigen historischen Verteidigungsbollwerk.

Da gilt auch für **Muiden.** Das kleine Festungsstädtchen, angelegt zwischen 1880 und 1920, gehört zum Weltkulturerbe der UNESCO. Der malerische Ort liegt direkt am Ausläufer des Ijsselmeeres. Und wie auf einer Halbinsel erhebt sich die mittelalterliche **Wasserburg Muiderslot.** Mit ihren fünf wuchtigen Türmen, Schießscharten und einer Zugbrücke erscheint sie wie ein Märchenschloss (Muiden, Herengracht 1, www. muiderslot.nl, 1. April–31. Okt. Mo–Fr 10–17, Sa, So 12–17 Uhr, 1. Nov.–31. März Di–So 10–17 Uhr, Eintritt 15,50 €).

Von Muiden aus fahren regelmäßig Boote zu der spannenden **Festungsinsel Pampus** mit ihrem wuchtigen Fort und Kasematten (www.pampus.nl). Zurück zu dem alten Festungsstädtchen Weesp sind es nur ein paar Kilometer, immer entlang der charmanten Vecht.

AUSFLUG
Monnickendam – kleine Stadt mit großer Geschichte

Das historische Städtchen Monnickendam liegt am Markermeer. In der Altstadt mit den jahrhundertealten Häuschen fühlt man sich in das Goldene Zeitalter zurückversetzt. Verschlafen ist der Ort aber sicher nicht – dafür sorgt schon die steife Brise.

Anfahrt: Vom Amsterdamer Hauptbahnhof fahren regelmäßig Busse nach Monnickendam. **Dauer:** Halbtagesausflug **Einkehrtipp:** Biologische Brauerei Bierderij Waterland, Galgeriet 4, Tel. 02 99/40 76 47, www.bierderijwaterland.com, €€ **Auskunft:** Zuideinde 2, 1141 VJ Monnickendam, www.laag holland.com/de/location/vvv-agentschap-monnickendam, Tel. 02 99/82 00 46

Waterland heißt Wasserland – so einfach ist das. Diese Region nordwestlich von Amsterdam ist so typisch für Holland, dass es fast ein Postkartenklischee ist. Fehlen nur noch die Tulpen, könnte man lästern. Aber warum sollte man. Denn die Landschaft von Waterland und seine kleinen Städtchen sind so grün und idyllisch, dass auch Amsterdamer dort sehr gerne hinfahren. Radfahren, Wassersport oder Wandern – und das alles gleich vor den Toren der Stadt.

Wie Perlen an der Kette reihen sich die blitzblanken nordholländischen Städtchen an der Küste des **Markermeeres,** ein Ausläufer des Ijsselmeeres. Heute ist es ein bis zu 4 m tiefer und 700 km^2 großer Süßwassersee – wenn auch mit echtem Wellengang und bisweilen heftigen Stürmen. Bis vor knapp 80 Jahren lag hier noch die Zuiderzee – ein riesiger Ausläufer der Nordsee. Weil Stürme und Fluten immer wieder Dörfer vernichteten und Menschenleben in Gefahr brachten, wurde ein Teil des Meeres trockengelegt.

Ein schönes Ausflugsziel und von Amsterdam aus schnell erreicht: Monnickendam mit seinen rund 10 000 Einwohnern ist ein beschauliches Städtchen.

Noch viel früher, im 17. Jh., waren viele der Orte durchaus mächtige Hafenstädte. So auch Monnickendam. Kaum eine Stunde von Amsterdam entfernt – mit dem Fahrrad!

Graf Willem V. verlieh dem Ort bereits 1355 **Stadtrechte** – und darauf sind die Einwohner auch mächtig stolz. Aber woher Monnickendam seinen Namen hat, weiß eigentlich keiner so genau. Wörtlich übersetzt heißt es Damm der Mönche. Sehr wahrscheinlich verweist der Name auf ein Kloster, dessen Mönche beim Bau des Ortes geholfen haben sollen.

Monnickendam profitierte von seiner günstigen Lage. Zum einen hatte es den Meereshafen und zum anderen eine direkte Verbindung zu den Wasserwegen im Hinterland. Die Schifffahrtsbranche und der damit zusammenhängende Handel florierten. Bis weit ins 17. Jh. hinein hatte die Stadt eine sowohl große wirtschaftliche als auch politische Bedeutung. Am Ende aber musste sie sich doch der Macht des größeren Amsterdam beugen.

Doch die große Geschichte ist noch immer abzulesen an den reich verzierten roten Backsteingebäuden, den stolzen Kaufmannshäusern mit den traditionellen Dachgiebeln, der alten Waage und den Gotteshäusern in der Altstadt. Schon am Ortseingang von Monnickendams präsentiert sich stolz die **Große Kirche.** 250 Jahre lang dauerte es, bis sie endlich fertig war, das war 1644.

Wahrzeichen aber ist der mittelalterliche **Speeltoren,** der Spielturm. Er verdankt seinen Namen dem Glockenspiel, das Melodien zu jeder vollen Stunde spielt – fröhlich, aber falsch. Es ist das älteste noch bespielte Carillon von Europa, aber eben auch das schiefste. Denn die Glocken konnten nie gestimmt werden. Das alles lernt man im **Waterlandmuseum,** das in dem 500 Jahre alten Turm untergebracht ist. Dort kann man auch die Spieltrommel und seine Mechanik aus der Nähe betrachten (Noordeinde 2-4, Tel. 02 99/65 22 03, www.despeel toren.nl, Nov.–März Sa, So 11–17, April–Okt. Di–So 11–17, Juli, Aug. auch Mo 13–17 Uhr).

Im **Hafen** schaukeln heute behäbige, über 100 Jahre alte bauchige Holzkähne, mit denen man über das Markermeer und das Ijsselmeer schippern kann. Von hier aus sieht man auch die schöne **Insel Marken** liegen. Mit dem Bus ist man in wenigen Minuten dort. Denn seit 1957 ist Marken mit einem Deich mit dem Festland verbunden.

Um sich vor den Überflutungen zu schützen, hatten die Bewohner von Marken früher ihre Holzhäuschen auf Pfählen oder Terpen gebaut. Marken ist eine kleine Idylle, und besonders schön ist der Weg auf dem Deich zum alten **Leuchtturm,** dem Pferd von Marken. Der Turm heißt so, weil er von Weitem wie ein Pferd aussehen soll. Er ist auf jeden Fall eine Schönheit wie aus dem Bilderbuch, weiß mit roter Haube.

Nach nur 9 km hat man Marken einmal umrundet. Der Weg mit dem Blick über das Markermeer, auf den historischen Hafen und die malerischen grünen Holzhäuschen lohnt sich. Mit dem Fährboot kann man noch einen kleinen Abstecher ins alte Fischerdorf Volendam machen – auf ein Fischbrötchen im berühmten Künstlerhotel Spaander (www.spaander.com).

Gut zu wissen: Für einen Besuch des Reichs-
museums lohnt es sich, die App herunterzuladen
(s. S. 208).

WISSENSWERTES

SERVICE

Anreise und Ankunft
Mit dem Auto

Der beste Weg ins Stadtzentrum Amsterdams führt über die sogenannten S-Routen, die auf den Hinweisschildern an der Ringautobahn A10 angegeben sind. Im gesamten Stadtgebiet innerhalb der Ringautobahn gelten hohe Parkgebühren von bis zu 7,50 € pro Stunde. Eine Tageskarte kostet ca. 70 €. Auch die Parkhäuser gehören zu den teuersten in Europa. 50–80 € pro Tag sind keine Seltenheit. Am Stadtrand gibt es verschiedene P&R-Plätze, von denen aus man mit öffentlichen Verkehrsmitteln das Zentrum und andere Stadtteile bequem erreichen kann. Die Kosten sind unterschiedlich, manche gibt es schon für 1 € für 24 Stunden.

Mit der Bahn

Außer dem Hauptbahnhof (Centraal Station) gibt es noch mehrere Bahnhöfe im Stadtgebiet. Die internationalen Züge halten am Hauptbahnhof und im Süden, am Bahnhof Amsterdam Zuid.

Mit dem Flugzeug

Das Zentrum ist mit der Bahn, dem Bus und Taxi gut zu erreichen.

Auskunft
In Deutschland, Österreich und der Schweiz

Niederländisches Büro für Tourismus (NBT)
www.niederlande.de

In Amsterdam

Fremdenverkehrsverein VVV Amsterdam
www.iAmsterdam.com

Stadtbüros

– VVV Centraal Station | Centrum | Stationsplein 10 | Tram: Centraal Station | Mo–Sa 9–17, So 10–17 Uhr
– VVV Schiphol | Schiphol Plaza, Arrival 2 | Zug: Schiphol (Airport) | tgl. 7–22 Uhr
– Centrum | Leidseplein 26 | Tram: Leidseplein | tgl. 10–17 Uhr

Buchtipps

Barbara Beuys: Leben mit dem Feind (Hanser Verlag, 2012). Amsterdam unter der deutschen Besatzung 1940 bis 1945.

Annette Birschel: Mords-gouda (Ullstein Verlag, 2011). Als Deutsche unter Holländern.

Jessie Burton: Die Magie der kleinen Dinge (Limes, 2016). Ein spannender Roman, spielt im 17. Jh.

Geert Mak: Die vielen Leben des Jan Six (Pantheon, 2017). Geschichte einer Amsterdamer Dynastie.

Victor Schiferli: Amsterdam: Eine Stadt in Geschichten (dtv, 2016). Eine sehr charmante Anthologie mit Geschichten berühmter niederländischer Autoren.

Jowi Schmitz, Friso Spoelstra: Boat people of Amsterdam (Lemniscaat, 2013). Wer wohnt eigentlich auf all den schönen Hausbooten auf den Grachten? Das Buch stellt 20 Boat people vor: vom Wasseryuppie bis zur alten Schifferfamilie.

Diplomatische Vertretungen
Deutsches Konsulat
Zuid | Honthorststraat 36–38 | Tel. 5 74 77 00

Österreichisches General-konsulat
Zuid | Honthorststraat 20 | Tel. 5 73 21 21

Schweizerisches Konsulat
Zuid | De Lairessestraat 97 | Tel. 7 17 34 16

Feiertage
1. Januar Neujahr
Ostermontag
Pfingstmontag
Himmelfahrt
27. April Königstag
25./26. Dezember Weihnachten

I AMSTERDAM CITY CARD
Die praktische City Card gibt es für 24, 48 oder 72 Stunden. Sie kostet ab 60 € und gilt als Fahrkarte für den öffentlichen Nahverkehr. Man hat mit ihr freien Eintritt in zahlreichen Museen und bekommt zudem eine Grachtenrundfahrt sowie viele Rabatte. Gibt's an zahlreichen Verkaufsstellen und online.
www.iAmsterdam.com
www.amsterdamticketshop.nl

Links und Apps
www.iAmsterdam.com
Website des Touristenbüros.

9292ov

Für die Reiseplanung mit dem öffentlichen Nahverkehr.

www.9292.nl | für Android und iPhone | gratis

GVB App

für Android und iPhone | gratis

Annes Amsterdam

Amsterdam während der deutschen Besatzung; zudem etwa 30 Orte in der Stadt, die im Leben von Anne Frank eine große Bedeutung hatten. Gegenwart und Vergangenheit werden sehr eindrücklich miteinander verbunden.

www.annefrank.org | für Android und iPhone | gratis

I Amsterdam City Guide App

Karten und Tipps für Restaurants, Cafés, Attraktionen und Museen.

www.iAmsterdam.com | für Android und iPhone | gratis

Rijksmuseum App

Führungen und Wissenswertes zum Reichsmuseum. Unverzichtbar, wenn man sich nicht in den Schatzkammern der Sammlung verirren will.

www.rijksmuseum.nl | für Android und iPhone | gratis

Medizinische Versorgung

Krankenversicherung

Die Vorlage einer europäischen Krankenversicherungskarte (EHIC) ist ausreichend. Zusätzlich empfiehlt sich der Abschluss einer Auslandskrankenversicherung, da eine solche Krankenrücktransporte mitversichert.

Notruf

Notrufnummer Tel. 1 12
Ärztlicher Notdienst Tel. 4 27 50 11

Öffnungszeiten

Die Öffnungszeiten sind nicht einheitlich, üblich ist 9–18 Uhr, donnerstags bis 21, samstags bis 17, montags 10–18 Uhr. Restaurants schließen in der Regel gegen 23 Uhr, die Küchen eine Stunde früher. Gasthäuser, Kneipen und Cafés haben gewöhnlich bis 1 oder 2 Uhr morgens geöffnet, in den Nachtcafés geht es meist von 20–2 oder bis 5 Uhr rund. Im Zentrum haben Läden und Warenhäuser auch sonntags geöffnet (12–18 Uhr), größere Supermärkte Mo–Sa 8–21 und So 12–20 Uhr. Montags öffnen viele Läden in der City erst gegen 12 Uhr.

Post
Die Briefkästen sind rot. Eine Postkarte nach Deutschland, Österreich und in die Schweiz kostet 1,45 €.

Reisedokument
Deutsche, Österreicher und Schweizer können mit einem gültigen Reisepass oder dem Personalausweis (Identitätskarte) einreisen. Kinder benötigen ein eigenes Reisedokument.

Reiseknigge
Coffeeshops: Der Kauf von kleinen Mengen sogenannter *soft drugs,* Hasch und Marihuana, ist legal in den Coffeeshops. Dort dürfen auch Joints geraucht werden. Doch Vorsicht, das heimische Haschisch gilt als sehr stark.
Kleidung: Amsterdamer sind sehr leger, und auch für die Oper und das Konzert gibt es keinen Dresscode. Alles ist möglich, nur mit der ganz eleganten Garderobe fällt man hier auf. Stöckelschuhe sind auf dem Kopfsteinpflaster in der Innenstadt nicht anzuraten.
Trinkgeld: Ist im Prinzip im Preis enthalten, erwartet werden aber rund 5 %.

Siezen/Duzen: Vom Sie zum Du geht es meistens sehr schnell. Fremde werden meistens gesiezt, doch bieten Amsterdamer auch Unbekannten schnell das Du an. Gute Bekannte begrüßen sich mit drei Wangenküsschen: links, rechts, links.
Rauchen: Ist in allen öffentlichen Gebäuden und auch in Kneipen und Restaurants verboten. Auch auf einigen Terrassen gibt es inzwischen Rauchverbote.
Fotografieren: Ist im Prinzip überall gestattet, doch im Rotlichtviertel ist es unerwünscht. Die Prostituierten wollen das nicht und können das auch sehr offensiv deutlich machen.
Sprache: Es ist ein weit verbreitetes Missverständnis, dass Niederländer im Allgemeinen gut Deutsch sprechen. Viele reden nicht gern Deutsch aus Angst, Fehler zu machen. Am besten spricht man sie auf Englisch an.

Reisezeit
Das gemäßigte Seeklima Amsterdams weist Ähnlichkeit mit dem deutscher Städte in vergleichbarer Lage auf. Die Wintermonate sind rela-

tiv mild, aber oft verregnet. Am schönsten sind Amsterdam und Umgebung im Mai, Juni und August, mit angenehmen Temperaturen, viel Sonne und verhältnismäßig wenig Regen. Über Ostern und Pfingsten, zwischen Juni und September sowie an Weihnachten und Silvester/Neujahr ist in Amsterdam Hochsaison.

Sicherheit

Amsterdam gilt als seine sehr sichere Stadt. Allerdings gibt es viele Taschendiebe, besonders an beliebten Touristenorten wie dem Rotlichtviertel, in den Haupteinkaufsstraßen und an den Bahnhöfen sollte man daher aufpassen.
Polizei (Diebstahl und andere Fragen): Tel. 09 00–88 44

Stadtführungen Fahrradtouren

Die Firma Yellow Bike organisiert Radführungen zu den touristischen Hotspots und auch zu eher unbekannten Ecken. Fahrräder werden zur Verfügung gestellt. Reservierung empfohlen.
Centrum | Nieuwezijds Kolk 29 | www.yellowbike.nl | tgl. 9.30–18 Uhr | Tour ab 22,50 €

Grachtenrundfahrt

Der Canal Bus dient zur Stadtrundfahrt und als Transportmittel. Mit einem 24-Stunden-Ticket kann man Boote auf allen vier Strecken benutzen und an 20 Haltestellen zu- oder aussteigen. An Bord wird man über die Grachten und Sehenswürdigkeiten informiert. Reservierung ist nicht nötig.
Centrum | Weteringschans 26 | www.canal.nl | 25 €/Tag, 35 €/48 Std.

Stadtführungen zu Fuß

Unter Leitung von sehr kundigen Architekturexperten, die für den Anbieter Architour unterwegs sind, kann man die besonderen Baustile im Zentrum und in den Stadtteilen auf unterhaltsame Weise kennenlernen.
West | Wenslauerstraat 16 | www.architour.nl | Preis und Infos auf Anfrage: info@architour.nl

Keiner kennt Amsterdam so gut wie die Amsterdamer. Die Gilde-Führer zeigen ihre Stadt und erzählen echte Amsterdamer Geschichten.
Centrum | Kalverstraat 92 | www.gildeAmsterdam.nl | Infobüro Mo–Do 10–15 Uhr | 10 €

Strom

Die Stromspannung beträgt 220 V, Adapter sind nicht nötig.

Telefon

Vorwahlen

D, A, CH ► Niederlande 0031
Niederlande ► D 00 49
Niederlande ► A 00 43
Niederlande ► CH 00 41

Verkehr

Auto

Amsterdam ist eine Fahrradstadt, mit dem Auto ist die Innenstadt schlecht zu erreichen. Es gilt rechts vor links. Diese Regel besteht auch für Radfahrer, Mopeds, Reiter und Kutschen. Die Alkoholgrenze liegt bei 0,5 Promille, und es gibt eine Anschnallpflicht. Ein Sicherheitsabstand zu Radfahrern ist zu beachten.

Fahrrad

Das Radwegenetz ist sehr gut ausgebaut. Radwege sind meist rot gekennzeichnet oder deutlich mit einem weißen Streifen von der Straße getrennt. Einbahnstraßenregelungen gelten für Radfahrer oft nicht. Auf den Radwegen herrscht gewöhnlich ein hohes Tempo. Daher sollten Fußgänger nicht nur auf Autos, sondern auch auf den Radverkehr achten. Auf dem Fahrrad darf man kein Handy in der Hand halten (95 € Strafe)!

Es gibt überall in Amsterdam Möglichkeiten, ein Fahrrad zu mieten, was ab 10 € pro Tag kostet. Im Stadtgebiet und an allen Bahnhöfen findet man kostenlose Abstellplätze. An zentralen Plätzen sind die Parkplätze für Räder zudem ausgeschildert. Räder, die nicht in markierten Zonen stehen und den Verkehr behindern, können in Amsterdam abtransportiert werden. Unter www.Amsterdam. nl/parkeren-verkeer/fiets/ fietsdepot gibt es dazu Infos.

Mietwagen

Die großen internationalen Verleihfirmen haben Büros im Stadtgebiet und am Flughafen Schiphol.

URLAUBSKASSE	
1 Tasse Kaffee	2,50 €
1 Glas Bier	2,70 €
1 Glas Cola	2,50 €
1 Taxifahrt (pro km)	ab 2,35 €
1 Liter Benzin	ca. 1,77 €
Mietwagen/Tag	ab 45,00 €

Öffentliche Verkehrsmittel

Amsterdam hat ein ausgezeichnetes öffentliches Nahverkehrsnetz mit Bussen, Straßenbahnen und Metro. In allen Verkehrsmitteln (im ganzen Land!) gilt die sogenannte OV-Chipkaart. Diese Karte ist an den Automaten oder Schaltern in Bahnhöfen, am Flughafen, aber auch in Supermärkten und Tabakläden erhältlich.

Es gibt aufladbare Karten, die vier bis fünf Jahre gültig sind und ab 7,50 € kosten. Auf ihnen kann man wie bei einer Geldkarte den Saldo erhöhen. Daneben gibt es OV-Chipkarten mit ein- oder mehrtätiger Gültigkeit. Beim Fahrer/Schaffner kann man auch eine Karte kaufen, die nur eine Stunde gültig ist. Die Chipkarte muss man sowohl beim Einsteigen als auch Aussteigen an einen Scanner halten, um ein- bzw. auszuchecken.

Das Amsterdam Region Day Ticket ist eine 24-Stunden-Fahrkarte für den öffentlichen Nahverkehr im Großraum Amsterdam und kostet 19,50 €. Einen Tagespass für die Straßenbahn, den Bus und die U-Bahn gibt es für 8 €, den Zwei-Tagespass für 13,50 € und den Drei-Tagespass für 19 €.

Taxi

In den vergangenen Jahren war das Amsterdamer Taxigewerbe in Verruf geraten. An den Standplätzen wird nun streng kontrolliert, und die Regeln sind deutlich verschärft worden. Taxis sind an den blauen Nummernschildern zu erkennen. An den Wochenenden fahren aber auch sogenannte Schnorrer (von außerhalb) oder wilde Taxis (ohne blaues Nummernschild) durch die Stadt. Gehen Sie besser nicht auf die Angebote dieser Fahrer ein. Nur die Amsterdamer Taxis dürfen zudem auf den Busspuren fahren. Sie dürfen gerade in der Innenstadt nicht überall halten. Daher kann man sie oft nicht einfach anhalten und sollte lieber zu einem Taxistand gehen. Die Zentrale ist unter Tel. 7 77 77 77 zu erreichen. Der Kilometer kostet ab 2,35 €.

Zoll

Auskünfte unter: www.zoll.de, www.bmf.gv.at/zoll, www.zoll.ch.

© 2020 DSGN.FRM
Nieuwe Herengracht 49
1011 RN Amsterdam (+31)20 589 19 44
info@dsgn.frm.nl

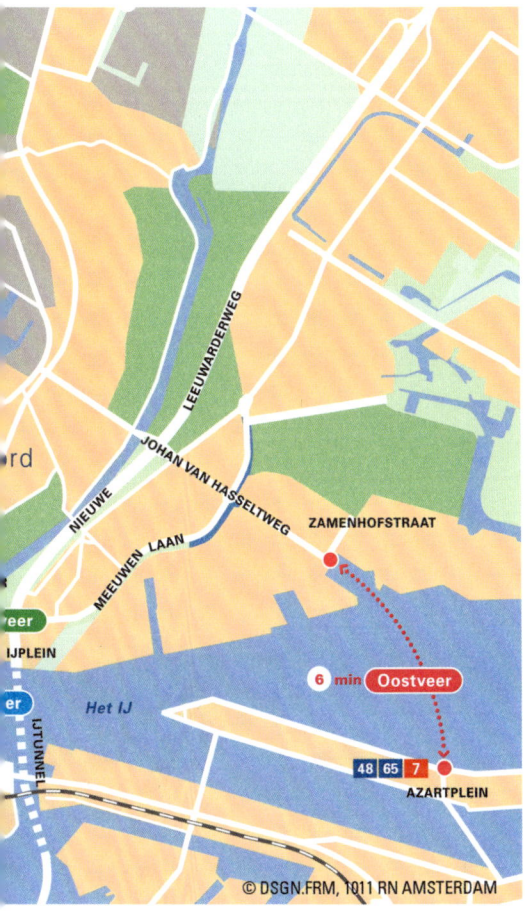

© DSGN.FRM, 1011 RN AMSTERDAM

um 1000

An der Amstel entsteht die **erste Siedlung.**

um 1300

Amsterdam erhält **Stadtrechte.**

Graf Floris V. verleiht Amsteldam die **Zollfreiheit** auf den Gewässern Hollands.

Kaufleute gründen die **Vereinigte Ostindische Compagnie,** die erste Aktiengesellschaft der Welt. Sie entwickelt sich auch zum ersten multinationalen Konzern der Welt.

1275

1602

ab 1613

Wegen der großen Wohnungsnot werden der **Grachengürtel** gegraben, **Wohn- und Packhäuser** und auch das Viertel **Jordaan** für Arbeiter und Seeleute gebaut. Die reichste Gracht, die **Herengracht**, entstand erst ab 1660.

1650

Der Stadthalter **Willem II. von Oranien** will die Macht vor allem der holländischen Regenten der Republik der Sieben Vereinigten Niederlande brechen. Doch er scheitert.

Rembrandt van Rijn malt »**Die Nachtwache**«.

1639–42

Bei der letzten **Pestepidemie** sterben rund 20 Prozent der Bevölkerung.

1640

1815

Willem I. von Oranien wird König.
Das Königreich der Niederlande ist
geboren. Amsterdam bleibt Haupt-
stadt, zu seiner Residenz und zum
Sitz der Regierung wählt der neue
König jedoch Den Haag.

1655

Das **Rathaus,** heute der
königliche Palast, wird
eingeweiht.

**Napoleonische
Truppen** besetzen
die Niederlande.

Die Franzosen werden vertrieben, das
Königreich der Niederlande entsteht.

1813

1795

1824

Der **Noordhollandsche Kanal** wird eingeweiht, Amsterdam bekommt direkte Verbindung zur Nordsee.

Die erste **Eisenbahnstrecke** des Landes wird zwischen Amsterdam und Haarlem gebaut.

1839

1941

Hafenarbeiter organisieren am 25. und 26. Februar einen Massenstreik gegen die **Judenpogrome** der Nazis. Die deutschen Besatzer schlagen den Aufstand brutal nieder.

Deutsche Truppen marschieren in Amsterdam ein.

1940

1945

Befreiung Amsterdams von der deutschen Besatzung durch kanadische Truppen. Noch einen Tag zuvor richten deutsche Soldaten ein **Blutbad** auf dem Dam unter Menschen an, die schon die Befreiung feiern.

1980

Beatrix wird zur **Königin** der Niederlande gekrönt. Die Feier wird von Hausbesetzern gestört. »Keine Wohnung, keine Krönung«, skandieren sie.

Der erste **Coffeeshop** wird eröffnet. Dort wird der Verkauf sogenannter weicher Drogen staatlich geduldet.

1972

1996

Im Süden der Stadt ent-
steht das internationale
Geschäfts- und Banken-
zentrum **Zuidas.** Später
wird dort auch ein Wohn-
viertel realisiert.

Die Bebauung der alten
Hafenanlagen im Osten
wird geplant.

In Amsterdam gibt es die
weltweit erste **Hochzeit von
Homosexuellen.**

1990

2001

2013

Königin Beatrix dankt ab,
Willem-Alexander wird
König und in der Nieuwe
Kerk inthronisiert.

Die ersten Bewohner
beziehen ihre Wohnungen
im neuesten Stadtviertel
Ijburg, einer künstlich
geschaffenen Insel.

Erste **U-Bahn** unter dem
Grachtengürtel; die
Noord-Zuid-Linie ist fertig.

2002

2018

BILDNACHWEIS

Titelbild (Fahrräder auf einer Brücke), Getty Images: Tetra images RF/Steve Smith
Klappe hinten: picture-alliance: akg-images
A'DAM Toren 116 | Alamy Stock Photo: agefotostock 191, imageBROKER 168, Alexandre Rotenberg 73 | AWL
Images: Maurizio Rellini 66/67 | Corbis: Atlantide Phototravel 181, Keren Su 13 | dpa picture-alliance: Arthur F.
Selbach 103 | Foodhallen 11 | gemeinfrei 216 | Getty Images: AFP/KOEN VAN WEEL 175, AFP/MARCEL
ANTONISSE 63, De Agostini 224, Getty Images News/Laszlo Szirtesi 83, Paris Match/Jean TESSEYRE 20,
Photolibrary/Stefano Oppo 176/177, Universal Images Group/Sepia Times 19 | GlowImages: prisma 200 | Hotel
Pulitzer: 2014 Sander Baks 27 | imago: UIG/Ton Koene 122 | imago images: Artokoloro 149 | JAHRESZEITEN
VERLAG: Marion Beckhäuser 156, 163, Gerald Hänel 6/7, 9, 71, 94, 119, 120, 125, 127, 131 | laif: ollandse Hoog-
te 113, Hollandse Hoogte/Velden 53, Miquel Gonzalez 98, 104, The New York Times/Redux/HERMAN WOU-
TERS 137 | look-foto 140, 218 | lookphotos: Hauke Dressler 132 | mauritius images: Alamy/Anton Ivanov 31,
Alamy/Daryl Mulvihill 172, Alamy/frans lemmens 15, 35, Alamy/Jochen Tack 182, Alamy/anton havelaar 186,
Alamy/JOHN KELLERMAN 91, Alamy/Marcin Rogozinski 107, Alamy/Peter Horree 17, Alamy/Simon Mont-
gomery 138, Alamy/Sonia Mangiapane-VIEW 115, Alamy/Wiskerke 46, Ernst Wrba 167, imageBROKER 161,
imageBROKER/Hans Zaglitsch 192, Rene Mattes 43, United Archives 5 | picture alliance: akg-images 54, CPA
Media/Pictures From History 57, ullstein bild 23 | Schapowalow: SIME/Andrea Armellin 49, 147 | Shutterstock.
com: b-hide the scene 87, Aleksei Denisov 199, DutchMen 135, 219, Isantilli 220, Melanie Lemahieu 221, leven-
tina 38, Giancarlo Liguori 32, Salvador Maniquiz 204/205, Mauvries 222, Mimee 69, Alexander Tolstykh 150,
Dennis van de Water 50, 78/79, 88, 143, Marc Venema 202, Jeff Whyte 97, Vladimir Zhoga 66

Liebe Leserin, lieber Leser,

wir freuen uns, dass Sie sich für diesen MERIAN Reiseführer entschieden haben. Unsere
Autoren und Autorinnen sind für Sie unterwegs und recherchieren sehr gründlich, damit
Sie mit aktuellen und zuverlässigen Informationen auf Reisen gehen können. Dennoch
lassen sich Fehler nie ganz ausschließen. Wir bitten um Verständnis dafür, dass der Verlag
keine Haftung übernehmen kann.

Ihre Meinung ist uns wichtig. Bitte schreiben Sie uns:
GRÄFE UND UNZER VERLAG
Postfach 86 03 66, 81630 München, www.merian.de

PEFC/18-31-506

Leserservice
merian@graefe-und-unzer.de
Tel. 0 800 / 72 37 33 33 (gebührenfrei in D, A, CH), Mo–Do 9–17 Uhr, Fr 9–16 Uhr

**Bei Interesse an maßgeschneiderten
B2B-Editionen:**
roswitha.riedel@graefe-und-unzer.de
Bei Interesse an Anzeigen:
KV Kommunalverlag GmbH & Co. KG
Tel. 0 89/9 28 09 60
info@kommunal-verlag.de

Verlagsleitung Reise: Grit Müller
Verlagsredaktion: Stella Schossow
Autorin: Annette Birschel
Redaktion und Satz: bookwise GmbH
Bildredaktion: Iris Kaczmarczyk
Schlussredaktion: Ulla Thomsen
Reihengestaltung: Independent Medien
Design, Horst Moser, München
Karten: Huber Kartographie GmbH für
Gräfe und Unzer Verlag GmbH
Herstellung: Renate Hutt
Druck und Bindung:
Printer Trento, Italien

GRÄFE
UND
UNZER

Ein Unternehmen der
GANSKE VERLAGSGRUPPE

DAS HAUS MIT DEN KÖPFEN (HUIS MET DE HOOFDEN)

Es geschah an einem lauschigen Frühlingsabend. Das Dienstmädchen Elsje war allein in dem prachtvollen Haus an der **Keizersgracht 123.** Da hörte sie plötzlich Lärm im Untergeschoss. Elsje griff kurzentschlossen zu einem Beil und begab sich in den Keller. Dort zwängte sich gerade ein Mann durchs Fenster. Elsje fackelte nicht lange und schlug ihm mit dem Beil den Kopf ab. Es folgten noch fünf weitere Räuber – keinem erging es besser. Als die Herrschaft später in der Nacht zurückkam, fand sie das Schlachtfeld vor. Elsje wurde belohnt, und als Erinnerung an das grausame Ende der Räuber ließ der Hausherr sechs Köpfe in die Fassade mauern. Diese schaurige Geschichte ist allerdings nur eine Legende. Eigentlich stellen die Köpfe sechs römische Götter dar. Damit wollte der Strumpfhändler und Kunstliebhaber **Nicolaas Sohier** 1622 beim Bau des Hauses zeigen, wie gebildet er war.

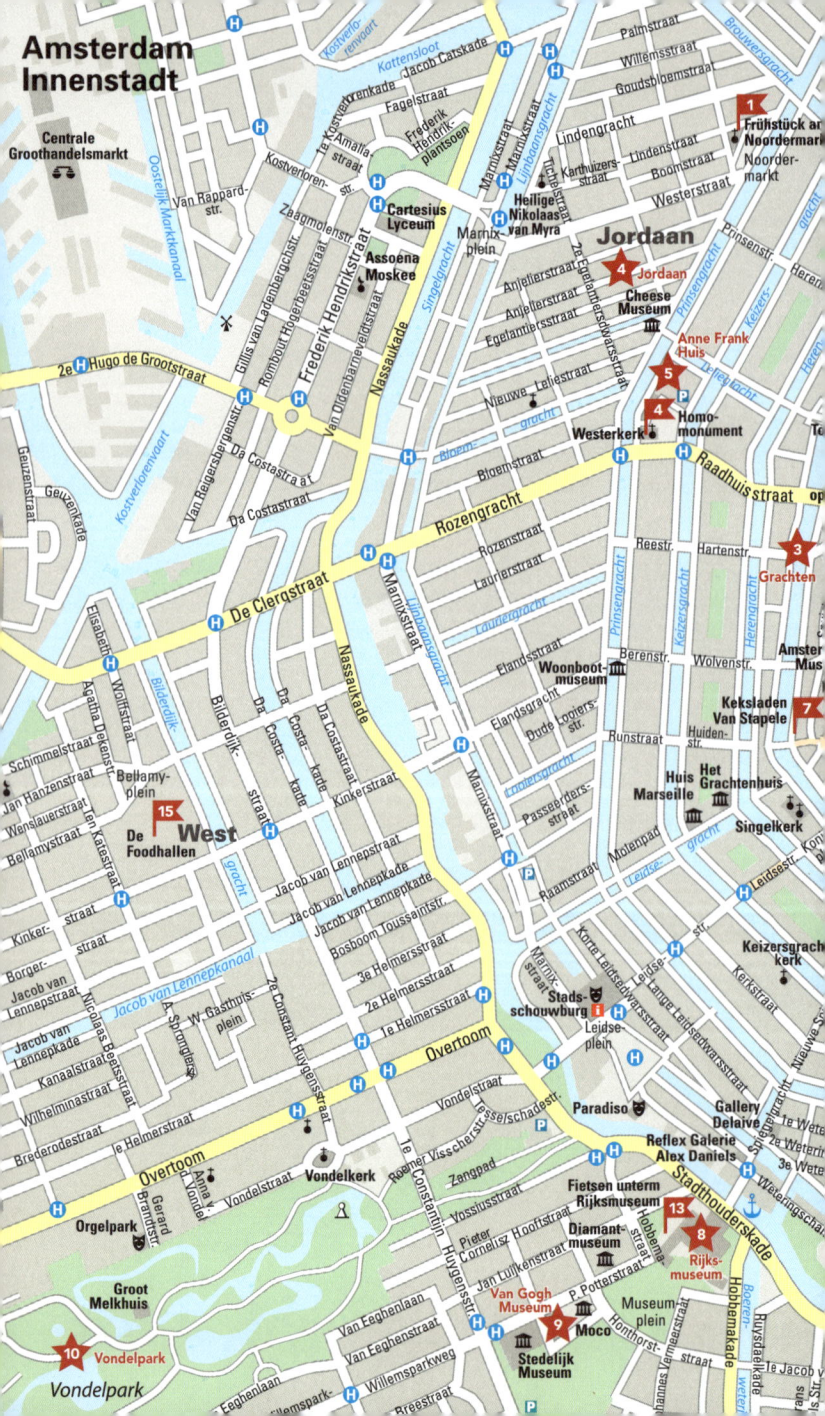

KARTEN UND PLÄNE

rten: die Ams-
n die berühm-
egen wie ein
n mit dem Palast
tviertel, China-
ner Viertel der
r Stadt. → S. 78

Noord

NOORD

Einst verschrien als Viertel
mit einem Haufen sozialer
Probleme, ist der Norden
heute der Hotspot. Es tut
sich was zwischen rosti-
gem Eisen auf den alten
Werften und in den In-
dustrievierteln. Kunst,
spannende Initiativen,
In-Kneipen – und das al-
les vor der spektakulären
Wasserkulisse. → S. 108

Hermitage
Amsterdam

Oost

OOST

Stadtteil der Kontraste: gediegene
Eleganz der Gründerzeit, Multikultimärkte, hippe Kneipen im
alten Industrieambiente. Doch
die Stars sind die Inseln mit der
atemberaubenden Architektur
von heute. Amsterdams Osten
fasziniert. → S. 126